KB174355

영어 교육에 대한
10가지 환상

영어 교육에 대한 10가지 환상

© 쿠보타 류코·지영은, 2021

1판 1쇄 인쇄__2021년 08월 20일
1판 1쇄 발행__2021년 08월 30일

지은이__쿠보타 류코·지영은
옮긴이__손정혜
펴낸이__홍정표
펴낸곳__글로벌콘텐츠
　　　　등록__제25100-2008-000024호

공급처__(주)글로벌콘텐츠출판그룹
　　　　대표_홍정표 이사_김미미 편집_하선연 권군오 최한나 홍명지 기획·마케팅_김수경 이종훈
　　　　주소__서울특별시 강동구 풍성로 87-6
　　　　전화__02) 488-3280 팩스__02) 488-3281
　　　　홈페이지__http://www.gcbook.co.kr
　　　　이메일__edit@gcbook.co.kr

값 16,000원
ISBN 979-11-5852-348-0 03740

※ 이 책은 본사와 저자의 허락 없이는 내용의 일부 또는 전체의 무단 전재나 복제, 광전자 매체 수록 등을 금합니다.
※ 잘못된 책은 구입처에서 바꾸어 드립니다.

뿌리 깊은 사회적 편견에 맞서기

영어 교육에 대한 10가지 환상

쿠보타 류코·지영은 지음
손정혜 옮김

글로벌콘텐츠

영어 교육에 대한
사회적 편견에 맞서기

글로벌 시대에서 사람들은 개인의 영어 실력English proficiency이 그들의 사회적, 경제적 성공을 보장한다고 생각한다. 영어 학습자, 교사, 학교와 대학 관계자, 고용주를 비롯한 많은 사람이 영어 실력을 쌓고자 한다. 그러나 영어를 배우고 가르치는 것은 단순히 영문법, 영어 단어, 영어 발음 등을 기계적으로 익히는 것에 국한되지 않는다. 여기에는 '어떤 종류의 영어를 배워야 하는가?', '이상적인 영어 교사란 무엇인가?', '영어와 관련된 문화적 관행cultural practice과 전통은 무엇인가?', '어린이들이 언제 영어를 배우기 시작해야 하는가?', '영어를 영어로만 배워야 하는가?'와 같은 개인의 생각과 믿음도 포함되어 있다. 또한 '영어 실력이 정말 개인의 사회, 경제적 성공을 보장하는가?', '영어를 습득하는 것이 국제적 의사소통을 위한 충분조건인가?'라는 질문도 빠뜨릴 수 없다. 사실 이러한 질문들은 언어, 문화, 인종, 그리고 신자유주의의 이데올로기를 반영한다.

응용언어학 분야에서는 지난 30년간, 혹은 그전부터 이런 질문들에 관한 연구가 꽤나 적극적으로 진행되어 왔다. 연구자들 사이에서 관련 주제들에 대한 논의는 활발하게 진행됐지만, 논의를 통해 쌓인 지식들이 대중들에게 공유된 부분은 많지 않았다. 연구 결과와 대중의 공감 사이의 격차로 인해 영어 교육 및 학습에 대한 편견과 오해가 지속적으로 누적된 것 같다. 나는 이 둘 사이의 간격을 줄이고자 (영어 교육) 비전문가인 일반 독자들을 대상으로 일본에서 이 책을 출간한 바 있다.

이후 한국어 번역서를 출간하게 된 계기는 한국 영어 학습자들도 영어 교육과 학습을 위해 상당히 많은 투자를 하고 있다는 점에서 일본과 여러 가지 상황을 공유하고 있기 때문이다. 이 책을 통해 독자들이 영어 교육과 학습의 바탕이 되어온 이념적, 정치적 근간에 대한 비판적 의식을 기르고, 영어 교육과 관련된 학문적 지식과 통찰력을 보다 쉽게 얻게 되길 바란다. 또한, 독자들이 이 책을 통해 언어 교육을 새로운 시각에서 생각해 보는 계기가 되기를 기대한다.

일본서와 한국어 번역서는 몇 가지 차이점이 있다. 원본의 일부 내용은 한국의 영어 교육 실정에 맞춰 수정 및 보완되었다. 한국어 번역서에는 현 연구팀의 일원이자 공동 저자인 지영은과 함께 연구 중인 논문의 데이터를 추가하였다.

마지막으로, 이 프로젝트가 가능하도록 끊임없이 노력해 준 지영은과 일본 원서의 한국어 번역을 맡아준 손정혜에게 감사의 마음을 전한다. 또한 연구비의 일부를 지원해 준 브리티시컬럼비아대학교의 한국어연구소, 한국계 주재원에 관한 연구를 도와준 황정연과 변혜라, 책 출간 과정에서 도움을 준 이희경 교수님, 그리고 이 책의 출간을 위해 힘써 준 (주)글로벌콘텐츠출판그룹의 편집자와 관계자께 감사의 마음을 전한다.

쿠보타 류코

현실적인 영어 학습 목표를 세워
꾸준히 연습하자

비원어민 영어 교육 전공자로서 내게 '영어'는 늘 오르지 못한 산처럼 높은 존재였다. 성인이 되어 영어를 본격적으로 공부했고, 일상생활에서 취미로 영어를 사용하기보다는 학문적으로 영어를 습득하고 사용했기 때문에 영어는 나에게 언제나 어렵게 느껴졌다. 한국과 미국에서 석사 과정을 마치고, 캐나다에서 박사 과정을 수료하면서 영어로 쓰인 다양한 종류의 책과 논문을 읽고, 영어로 글을 쓰고, 외국에서 다년간 생활을 한 지금도 누군가 내게 영어가 쉽냐고 묻는다면, 내 대답은 "여전히 쉽지 않다."이다. 물론 영어라는 언어와 영어를 사용하는 상황에 전보다 익숙해지긴 했다.

저자는 이 책에서 '영어'는 우리가 마스터해야 하는 절대불변의 '목적'이 아니라 의사소통의 '매개체'이며, 다양한 언어적, 문화적 배경을 가진 사람과 대화하기 위해 이용할 수 있는 여러 가지 언어 중 하나라고 설명한다. 또한 우리가 영어를 배우면서 한 번쯤 들어본 이야기, 예를 들면 "영어는 원어민에게 배워야 한다.", "어릴 때 배울수록 좋다." 등의 10가지 가설을 반박하고, 그 근거로 여러 연구 결과와 사례를 제시한다. 쿠보타 류코 교수님의 번역서를 수정하고, 책의 일부 내용을 적으면서, 한국에서 영어를 배우는 사람들이 이 책을 꼭 읽었으면 좋겠다는 생각을 했다. 이 책은 영어 교육과 영어 원어민 강사에 관한 우리의 선입견을 비판하고 있지만, 개인적으로는 이 책이 '끝이 보이지 않는 영어 공부'에 지친 비원어민 영어 학습자들을 위로하는 것처럼 느껴졌다. 영어 원어민 발음을 갖고자 끊임없이 열망하는 사람, 많은 영어 사교육비를 지출하지만 목표한 만큼 말이나 글로 영어를 표현하지 못해 자신감이 낮은 사람들이 이 책을 통해 국제어로서 영어가 무엇을 의미하는지, 우리가 국제무대에서 어떤 마음을 지녀야 할지에 대해 다시 생각해 볼 수 있지 않을까?

내가 브리티시컬럼비아대학교 박사 과정 재학 중에 쿠보타 류코 교수님과 함께 이 책을 집필하게 된 것은 참 행운이다. 당시 박사 과정 학생 중 한국인이 거의 없었고, 내가 마침 교수님의 'world Englishes' 수업을 수강하고 있었으며, 교수님께서 진행하셨던 연구의 조교로 근무했기 때문에 여러 우연의 일이 교수님과의 공동 집필 기회로 이어진 것 같다.

몇 년 전, 한국에서 열린 국제 학술대회에서 쿠보타 류코 교수님과 우리의 최근 연구 내용을 발표할 기회가 있었는데, 그때 교수님과 영어로 나누었던 대화가 기억에 남는다.

"교수님, 교수님께서 쓰신 책과 논문을 읽으면, 저는 교수님처럼 잘 쓸 수 없을 것 같아서 기가 죽어요. 저는 학계에 어울리는 사람이 아닌 것 같아요."

"영은, 이제 글 몇 년 썼지? 난 벌써 30년이 됐어. 영은도
30년 정도 꾸준히 하면 잘 쓸 수 있어. 지금도 잘하고 있어."

농담반 진담반으로 하신 말씀이지만, 매주 과제를 가까스로 제
출하는 외국인 박사 과정 학생이었던 내게 "한 가지 일을 오랫동안
꾸준히 하다 보면, 잘 할 수 있게 된다."라는 교수님의 말씀이 참 위
로가 되었다. 영어라는 언어도 마찬가지 아닐까? 한국에서 태어나고
자란 우리가 영어라는 외국어를 잘 모르는 게 어찌 보면 참 자연스러
운 일인데, 우리는 유달리 영어를 잘 하는 사람들과 비교하거나 비현
실적인 영어 학습 목표로 설정해서 스스로를 옥죄는 경우가 많은 것
같다. 사실 우리 모두가 한영 통역가나 번역가처럼 영어를 유창하게
구사할 필요는 없다. 보다 현실적인 영어 학습 목표를 세워 영어 사
용 기회를 점차 늘리고, 꾸준히 연습하면 영어 실력이 아주 뛰어나진

않더라도 영어에 익숙해질 수 있다. 그 과정이 기대만큼 빠르지 않더라도 포기하지 않고 꾸준히 익히면 영어를 능숙하게 사용할 수 있게 된다. 나는 이 책이 독자들에게 영어를 배우고 익히는 과정에서 어떤 마음으로 영어를 바라봐야 할지 생각해 보는 기회가 되길 바란다.

마지막으로 책의 원고 수정을 도와주고 아낌없는 조언을 준 새로교육연구소(주)의 김유경, 김가영, 지경은과 (주)글로벌콘텐츠출판그룹의 하선연 편집자에게 감사의 마음을 전한다.

지영은

비판적 응용언어학의 관점에서 바라본
일본의 영어 불가결론

세계화 추세에 따라 영어는 국제어로서의 역할이 증대되고 있다. 실제로 비즈니스, 국제 학술회의와 이벤트 등 다양한 분야의 국제 활동에서 영어가 주요 언어로 사용되고 있다. 비영어권 국가로 여행을 가더라도 손쉽게 영어로 의사소통이 가능한 사람을 찾을 수 있다.

지난 30년간, 일본 학교 및 대학 교육에서는 영어 교육을 강화하고 학생들의 영어 실력을 높이기 위한 움직임이 가속화되어 왔다. 영어 원어민 강사를 보조 강사로 학교에 배치하거나 초등학교 교과 과정에 영어 수업을 개설하고, 영어로 진행되는 영어 수업을 시행했다. 또한 대학 입시에서는 영어 듣기평가를 실시하기로 했으며, 2020년부터 토플 및 새 영어 검정 시험을 통해 영어의 네 가지 기능(듣기, 말하기, 읽기, 쓰기)을 총체적으로 평가하기로 했다.

이러한 배경에는 전 세계에서 전개되고 있는 일본계 기업들의 세계화 전략이 있다. "기업의 세계화를 위해서는 영어의 사용이 반드시 필요하다."라는 것이다. 실제로 일본의 영어 교육 정책은 경제 시장의 요구에 부응하기 위한 형태로 추진되어 왔다.

　일본의 영어 교육 정책을 좌우해 온 영어 불가결론은 이제 상식이 되었다. "영어를 할 수 있으면 국제사회에서 의사소통이 가능하다.", "영어를 할 수 있으면 글로벌 인재가 될 수 있다." 따라서 "영어 능력이 반드시 필요하다."라는 식의 논리다. 그 근본에는 '영어는 국제어'라는 인식이 반영되어 있다고 할 수 있다. 그러나 (다수의 연구 결과에 따르면) 오직 영어만 국제적으로 많이 사용되고 있다는 생각은 편향적인 인식에 지나지 않는다.

　그뿐만 아니라 영어 불가결론을 자세히 살펴보면 몇 가지 의문이 생긴다. 글로벌 인재를 양성하기 위해 가르쳐야 하는 '영어'는 도대체 어떤 언어인가? 영어 교육에서 모델이 되는 화자는 과연 누구인가? 국제 사회에서 영어를 사용해 의사소통을 하는 상대는 누구인가? 영어권 문화란 어떤 것을 말하는가? 이런 의문이 생길 때, 아시아나 중동, 아프리카에서 영어를 사용하는 사람들을 떠올리는 이들은 별로 없다.

여기서 우리는 영어, 영어 화자, 영어권 문화에 대한 고정관념을 찾을 수 있다. 즉, '글로벌'이나 '세계화'라는 단어가 '영어'와 결합될 때 우리는 보통 특정한 범위의 지역과 민족, 문화만을 떠올리는 경향이 있다. 특히 일본 정부가 추진하고 있는 영어 교육 정책은 이런 경향이 더욱 강하다. 하지만 많은 영어 교육자는 글로벌 인재 육성에 중점을 둔 영어 교육 정책이 왜곡된 형태의 인력을 양성하는 것은 아닌지 우려하고 있다.

또한, 현재 영어 교육 정책은 언어 습득에 관한 일반적 통념에 뿌리를 두고 있다. 예를 들면 '빠르면 빠를수록 좋다' 또는 '영어는 영어를 통해서 배우는 것이 좋다' 등의 생각이다. 그러나 과연 이러한 생각이 학술적으로 검증된 것일까?

　전후 일본에서 영어 교육을 필수로 여기기는 했지만, 오랜 기간 선택 과목이었다. 영어가 필수 과목에 포함된 것은 1980년대부터 실시된 교육 개혁에서 '국제화' 흐름에 따라 영어를 국제 공용어로 지정하면서부터라고 볼 수 있다. 하지만 실질적으로 영어가 모든 학생에게 필수 과목이 된 것은 중학교의 경우 2002년부터, 고등학교는 2003년부터였다.

　현재 교육 과정에서는 영어를 공통 과목으로 지정해, 학생의 기호와 상관없이 학생 모두에게 일관된 교육법을 적용하고 있다. 이후 성인이 되면 지역 공동체 등에서 자발적으로 영어 회화를 배우는 사람도 꽤 있다. 성인이 되어 새로운 환경에서 영어를 배울 때면 영어가 만들어 내는 분위기 또는 영어 학습으로 얻어지는 사회적 기회 등에 매료되기도 한다. 학교 영어 교육과 다른 학습 형태와 학습 상황은 우리가 기존에 가진 언어 학습에 관한 여러 고정관념을 무너뜨린다.

정규 영어 교육이든 비정규 영어 교육이든, 영어는 우리의 경제 활동과 밀접하게 연관되어 있다. 공인 영어 시험 관련 산업, 영어 강사 파견 사업 등은 일반인들을 영어 열풍에 편승시켜 더 큰 영어 열풍을 조성하는 원동력이 되기도 한다. 이러한 상황에서 우리는 영어 교육에 관한 다양한 인식과 교육법에 대하여 재고해 볼 필요가 있다.

이 책은 영어 교육에 관한 일반 통념을 '환상'이라고 지칭하고, 응용언어학의 관점에서 검토해 보고자 한다. 본인은 1980년 말 북미로 유학을 가서 응용언어학, 특히 언어 교육을 전문적으로 연구하면서 미국과 캐나다 대학에서 일본어와 영어 등 외국어 및 외국어 교수법을 가르쳐 왔다. 최근에는 일본에서 캐나다로 파견되어 온 영어 교사들을 위한 연수 프로그램 운영에도 참여하고 있다. 이 책에서는 특

히 비판적 응용언어학의 입장에서, 영어에 관한 10가지 환상을 국내
외 학술 연구를 기반으로 살펴보려고 한다.

비판적 응용언어학은 1980년대 후반부터 다양한 관련 학문 분
야, 문화 연구, 사회학, 문화인류학 등 포스트모더니즘적 시점에 영
향을 받으며 발전해 왔다. 비판적 응용언어학은 기존의 과학적 실증
주의와 고정적 관점에서 벗어나 사회, 문화, 언어의 일반 통념을 새
롭게 바라보며 새로운 의미를 부여해 왔다. 그러한 의미 부여 활동은
집단 간의 권력 관계를 명확히 인식하게 하고, 보다 평등하고 공정한
사회 실현을 가능하게 한다. 이 책에서는 이러한 비판적 응용언어학
에 근거하여 일반적으로 대중이 가지는 영어에 대한 10가지 환상에
대해 하나씩 검증해 갈 것이다.

이 책은 2016년 대만에서 열린 중화민국 영어 교육학회에서 발
표한 내용을 일본 실정에 맞추어 집필한 것이다. 이 책에서 다루는

많은 주제와 논의는 영어 교육에 대한 위기의식을 느낀 다른 학자들에 의해서도 연구되고 있다. 그런 의미에서 이 책은 참고문헌에 게재된 선행 연구를 보완하는 것이라고 할 수 있다. 영어 교육에 관심이 많은 독자들이 관련 자료와 함께 이 책을 읽어주길 바란다. 특히 이 책은 학교에서 영어를 가르치는 강사와 영어교원 양성, 지도 및 감독을 담당하는 교육자와 교육 정책을 담당하는 분들에게 유익한 정보와 새로운 관점을 제시해 줄 수 있으리라 믿는다.

이 책은 영어 지도 및 영어 학습에 초점을 두고 있지만, 외국어 교육 전반에 해당되는 논점들도 많이 포함하고 있다. 하지만 이러한 주제들의 상당 부분에는 객관적으로 통일된 답이 존재하지 않는다. 왜냐하면, 언어 교육 및 사회 전반에 걸친 다양한 문제는 상황에 따라 그 주제를 바라보는 관점이 바뀌기 때문이다. 그리고 어떤 상황이 바람직하다 또는 바람직하지 않다는 견해는 개인의 정치관, 세계관을 반영하기 때문이다. 따라서 여기서 전개해 나갈 논의는 그러한 많은 관점 중의 하나라는 것을 미리 말해 두고자 한다.

쿠보타 류코

목 차

환상 5 영어권 문화가 더 우월하다

영어 교육에 대한 10가지 환상

일러두기

이 책에서는 '모국어(母國語)' 대신에 '모어(母語)'라는 용어를 사용한다. '모국어'는 "자기 나라의 말"이라는 의미이다. 즉, 자신이 나고 자라나면서 배운 언어라는 의미뿐만 아니라 자신의 속한 국가의 언어라는 의미도 함의하고 있다. 하지만 요즘 같은 국제화 시대에는 자신이 가장 편하게 구사하는 언어와 자신의 국가어가 일치하지 않는 사람들을 쉽게 볼 수 있다. 조기 유학으로 미국이나 캐나다로 건너가 교육을 받아서 영어가 가장 편하지만, 국적은 여전히 한국 국적을 가진 학생들을 떠올리면 쉽게 이해가 갈 것이다. 이 책은 그와 같은 영어 화자의 경우도 예로 들고 있기 때문에 보다 포괄적인 의미를 가진 '모어(자라나면서 배운, 바탕이 되는 말)'라는 단어를 사용하기로 한다.

미국 영어와 영국 영어가
정통 영어이다

　우리는 일상생활에서 수많은 규범을 지키며 살고 있다. 그 규범에서 벗어나면 우리는 무의식적으로 '이상하다' 혹은 '어색하다'라는 생각을 한다. 그리고 규범에서 벗어난 행동을 하는 사람을 보면 그 사람의 소속이나 의도에 의문을 가지기도 한다. 일상생활의 큰 부분을 차지하는 언어생활이 그 대표적인 예이다.

　일본어를 예로 들어 보자. 최근에 일본 내 외국인 유학생 수가 늘어나, 편의점이나 숙박업소에서 아르바이트를 하는 외국인의 모습이 자주 보인다. 동양인일 때는 겉모습이 일본인과 거의 비슷하다. 하지만 그들의 발음에서 뭔가 특이함을 발견하는 순간, "아, 일본인이 아니구나.", "외국인이구나."라고 깨닫게 된다. 이때 발견한 특이함을 '이상하다' 또는 '고칠 필요가 있다'라고 생각하는 사람도 있고, '재미있네' 혹은 '좀 더 이야기해 보고 싶다'라고 생각하는 사람도 있을 것이다. 이런 개개인의 생각 차이는 다양성에 대한 그들의 가치관이 반영된 결과이다.

영어의 경우는 어떨까? 우리는 누군가의 영어 발음을 듣고 "정확한 발음이다." 또는 "이상한 영어다."라며 가치 판단value-judgement을 하는 경우가 많다. 현재 영어는 전 세계 사람들이 소통을 위해 사용하는 중심 언어가 되었다. 그렇다면 국제 공통어로서의 영어와 규범적 영어는 양립할 수 있을까?

영어 학습을 위한 표본

언어 학습은 어떤 의미에서 '기술을 몸에 익히는 것'과 같다. 대부분의 기술은 습득한 기술의 숙련도와 완성도를 측정하기 위한 '평가 기준'과 '해당 기준에 맞는 표본'을 필요로 한다. 예컨대, 조립, 꽃꽂이, 다도와 같은 활동이나 피아노, 바이올린, 가야금과 같은 악기 교습을 위해서는 본보기가 되는 표본이 필요하다.

그렇다면 언어 학습을 위한 표본은 무엇일까? 우리는 일반적으로 텔레비전 뉴스에서 아나운서가 사용하는 말, 즉 표준어가 언어 학습의 표본이라고 생각한다. 국내외 일본어 교육 분야에서도 도쿄 방언을 표준어로 가르치고 있다. 한편, 영어 교육에서는 오래전부터 영국 영어와 미국 영어를 표준 언어로 가르쳐 왔다. 특히 제2차 세계대전 이후 일본에서는 영어 교과서의 녹음 자료와 영어 듣기평가를 위한 녹음 자료에 미국식 영어를 채택하고 있다. 하지만 언어 교육의 목적은 해당 언어를 사용하여 의사소통을 가능하게 하는 것이다. 의사소통을 위한 언어란 무엇인가? 그 표본이 과연 필요한가? 이를 다루기 전에 우리는 우선, 영어를 사용해서 '어떤 의사소통을 할 것인지'에 대해 생각해 볼 필요가 있다.

입말과 글말

의사소통의 방법은 다양하다. 일본의 〈언어 학습 지도 요강〉에는 의사소통을 위한 대표적인 네 가지 기술인 듣기, 말하기, 읽기, 쓰기를 위한 학습 목표가 기재되어 있다. 하지만 의사소통을 소통 방법에 따라 구분하지 않고, 보다 큰 범주로 구분한다면 입말(구어)과 글말(문어)로도 나눌 수 있다. 영어를 사용하는 다양한 상황을 떠올려 보자.

일단, 보통 우리가 영어로 '듣는 것'은 무엇일까? 타인과의 대화에서 우리가 듣는 것은 '상대방의 말'일 것이다. 대화가 아닌 경우에는 일방적으로 들려오는 음성, 즉, 텔레비전이나 라디오, 영화, 인터넷 동영상, 공항 및 기내 안내 방송, 대학 강의 등과 같은 '음성'일 것이다.

'말하기'에는 일반 회화를 떠올릴 수 있다. 최근 들어 점점 중요시되고 있는 프레젠테이션 능력도 여기에 포함된다. 일반적인 대화 상황에서도 대화 상대와 목적, 상황 등에 따라 개인에게 요구되는 말하기 능력은 제각각 다르다. 해외여행에서 모르는 사람에게 길을 물어보는 경우와 비즈니스 회의에서 발표하는 경우를 비교해 보면 쉽게 이해할 수 있다. 대화에 사용하는 단어 선정부터 문장 구성, 그리고 문장을 연결하여 짜임새 있는 문단으로 만들어 내는 수준까지 각 상황에 따라 요구되는 언어 능력에는 뚜렷한 차이가 있다.

이처럼 '듣기'와 '말하기'에서 요구되는 능력과 수준은 대화 상대가 누구인가, 어떤 상황에서 나누는 대화인가에 따라 달라진다. 따라서 전 세계인이 영어를 다양한 상황에서 사용하는데도 오직 미국 영어와 영국 영어만을 표준이라고 할 수 있는지에 대한 의문이 생긴다.

글말의 경우는 어떠한가? 우리는 글을 통해 다양한 정보를 얻는다. 그 정보는 인쇄된 출력물의 형태일 수도 있고, 온라인 화면상의 형태일 수도 있다. 얻을 수 있는 정보의 종류도 무궁무진하다. 글말의 형태로는 단어, 어절, 구, 문장, 기호, 표가 있고, 읽는 목적으로는 실용, 학습, 연구, 일, 개인 간 정보 교환, 오락 등이 있다. 장르로는 소설과 같은 픽션, 뉴스 기사, 사설, 블로그 등을 통해 접하는 보도문이나 논설문 같은 논픽션, 개인 간의 메일 등 다양하다. 이렇듯 글말은 다양한 목적과 독자를 고려하여 작성된 것이다. 그렇다면 이런 글말의 기준이 되는 것은 무엇인가? 인쇄 매체에서 기준이 되는 언어는 대체로 표준어이다. 반면 개인적인 글에서 사용되는 언어는 소위 '표준'을 벗어난 경우가 많다.

'쓰기'는 어떠한가? 앞서 언급한 글말 속 정보는 모두 '쓰기'의 결과물이다. 최근 손 글씨를 쓰는 사람은 줄어든 반면 컴퓨터나 휴대용 기기를 이용하는 사람은 늘고 있다. 특히 대다수 성인들의 '쓰기' 활동은 이메일이나 문자 메시지에 국한되어 있다. 이들의 쓰기 활동은 구어와 거의 비슷하다. 반면 학생들은 수업의 과제로 작문을 하거나 리포트를 쓰는데, 이는 일반인들의 일상과는 동떨어진 '쓰기' 장르다. '읽기' 활동과 마찬가지로 '쓰기'의 경우에도 비공식적인 글을 쓸 때는 언어 규범에서 상대적으로 자유롭다. 그러나 학교 교육에서는 글의 목적과 유형에 상관없이 대체로 글의 정확성을 요구하는 경우가 많아서 사용하는 언어의 규범을 숙지해야 한다.

수신 모드와 발신 모드

의사소통의 네 가지 기능을 다른 관점으로 분류해 보면, '듣기'와 '읽기'는 정보를 얻는 수신 모드, '말하기'와 '쓰기'는 정보를 발신하는 발신 모드라고 할 수 있다. 우리가 일상에서 접하는 언어정보는 일반적으로 발신 모드보다 수신 모드를 통해 얻는 경우가 압도적으로 많다. 그리고 수신 모드를 이해하기 위해서는 어휘와 표현, 복잡성 측면에서 발신 모드에서 사용하는 것보다 더욱 폭넓은 언어 능력이 필요하다.

그런데 최근 영어 교육이 구두에 의한 의사소통 oral communication 을 강조하기 시작하면서 발신 모드, 즉 '말하기'에 대한 이목이 집중되고 있다. 같은 발신 모드라고 해도 '말하기'와 '쓰기'에서 요구하는 언어 수준에는 차이가 있다. 대화 상대와 상황, 그리고 목적에 따라 요구되는 언어의 정확도가 다르기 때문이다. 이 두 가지를 동시에 논의하는 데에는 무리가 있지만, 대체로 '말하기'보다 '쓰기'에 더 엄격한 기준이 적용되는 편이다. 다시 말하면, '쓰기'가 '말하기'보다 더 규범적이라고 할 수 있다. 여기에는 몇 가지 이유가 있다.

첫째, 말은 순식간에 사라진다. 한 번 내뱉은 말은 다시 바꿔 말할 수 없다. 이에 반해 쓰는 작업은 몇 번이고 수정할 수 있다. 물론, 공적인 장소에서 말을 할 때는 어느 정도 언어 기준에 따라 말할 필요가 있다. 또한 명확한 발음과 표현 등도 요구되지만, 여전히 한 번 발화된 말은 하나하나 수정하는 것이 불가능하다. 이에 비해 공적인 문서의 경우, 모어든 외국어든, 필자 외에 제3자가 그 글의 정확성을 검토할 수 있다. 둘째, 외국어를 발음할 때는 모어가 발화에 미치는 영향을 피할 수 없다. '쓰기'보다 '말하기'에서 더 다양한 언어 형태를 발견할 수 있는 것도 이 때문이다. 물론 모어는 쓰기에도 영향을 끼친다. 하지만 똑같이 모어의 영향을 받았더라도 '말하기'에 비해 '쓰기'는 편집 단계에서 소위 말하는 '표준 규범'에 가까운 형태로 수정된다.

듣기와 읽기 같은 수신 모드의 경우에도 공적인 상황인지 사적인 상황인지에 따라, 또는 그 목적이 무엇이냐에 따라 언어 규범의 적용

정도가 달라진다. 하지만 앞서 말한 편집 가능성을 고려하면 일반적으로 읽기 자료는 듣기 자료보다 더 높은 규범성이 요구되는 편이다.

이와 같이 언어를 사용할 때에는 여러 가지 측면을 고려해야 한다. 하지만 영어 교육 현장에서는 의사소통을 위해 '정확한 표현'이라는 일률적 기준을 강요하는 경우가 있다. 영어로 의사소통을 하기 위해 필요한 '정확한 표현'이란 과연 무엇을 의미하는 걸까? '세계 영어'라는 연구 분야에서는 이런 언어 표준화에 의문을 제기하고 있다.

세계 영어 World Englishes

영어를 세계 공용어라고 한다. 영어 사용자 중에는 영어를 모어로 하는 사람(이하 영어 원어민)뿐만 아니라 영어를 모어로 하지 않는 사람(이하 영어 비원어민)도 있다. 그리고 영어 원어민 안에는 국적, 인종, 사회 경제적 지위 등 다양한 배경을 가진 사람들이 존재한다. 다시 말해, 전 세계에서 사용되는 영어에는 다양한 변종이 존재하고, 영어로 대화를 나누는 상대 또한 다양한 발음으로 여러 가지 표현을 사용한다.

언어학에서 규범주의가 큰 영향력을 행사하던 시기에는 정확한 발음과 어휘, 문장이 요구되었다. 여기서 정확성이라는 것은 소위 '표준어'에 근거한 것으로, 영어 교육에서는 미국 영어와 영국 영어를 표준 언어로 삼았다. 하지만 세계적으로 탈식민화가 진행되면서 1960년대부터 포스트식민주의사상post colonialism이 활발히 논의되었다. 이 영향으로 1980년대부터 '세계 영어World Englishes'라는 연구 분야가 주목을 받기 시작했다. '세계 영어' 분야는 포스트식민주의 언어관, 즉 언어의 다양성과 창조성, 혼종성hybridity에 주목하였는데, 대표적 연구자로는 인도 출신의 언어학자 브라지 카추르Braj Kachru와 야무나 카추르Yamuna Kachru가 있다.

확장원(Expanding Circle)

중국, 대만, 한국, 일본, 인도네시아, 베트남, 타이,
구소련 독립국가연합(CIS), 브라질, 콜롬비아,
아르헨티나, 이집트, 이란, 터키,
사우디아라비아, 유럽 국가 등

외주원(Outer Circle)

인도, 파키스탄, 방글라데시, 싱가포르, 필리핀,
말레이시아, 스리랑카, 자메이카, 가나, 케냐,
나이지리아, 탄자니아, 잠비아, 짐바브웨 등

중심원(Inner Circle)

미국, 영국, 캐나다,
호주, 뉴질랜드

〈그림 1〉 세계 영어
Kachru, B. (1997)를 참고하여 작성

브라지 카추르의 세계 영어 연구에서는 영어의 변종을 세 범주로 구분하고 있다. 〈그림 1〉에서 볼 수 있듯이 '중심원Inner Circle', '외주원Outer Circle', '확장원Expanding Circle'이 바로 그것이다. '중심원'에 속하는 나라는 앵글로색슨Anglo-Saxon 전통을 계승한 나라들로, 영국, 미국, 캐나다, 호주, 뉴질랜드가 있다. 이들 나라에서 영어는 공용어거나 이와 동등한 지위를 가지고 있다. 영국과 미국에서는 영어가 국가 법률상 공용어는 아니지만, 사실상 공용어와 같은 지위에 있다. '외주원'에 속하는 나라는 미국 또는 영국의 식민지였던 곳으로 인도, 싱가포르, 필리핀, 파키스탄, 나이지리아 등이 있다. 이 나라들에서는 영어가 공용어로 지정되어 있을 뿐만 아니라, 정치, 경제, 교육면에서도 중요한 역할을 담당하고 있다. 마지막으로 '확장원'에 속하는 나라는 영어가 외국어로 교육되고 있는 곳이다. 한국과 일본도 확장원에 속하는 나라 중 하나이다.

세계 영어 연구에서는 이들 나라에서 사용되는 각 영어의 특징을 명확히 밝혔다. 그중 하나는 각 나라에서 사용되는 영어 발음의 차이다. 세계 영어 연구에 따르면 호주 영어, 인도 영어, 중국 영어에는 각각의 독특한 특징이 존재한다. 이외에도 다양한 의사소통 상황 속에서 나타나는 영어의 특징, 영어와 관련된 언어 정책, 영어의 다양성과 이데올로기, 세계 여러 지역의 영어 문학, 세계 영어의 교육적 의미 등과 같은 주제들도 '세계 영어' 분야를 통해 연구되었다.

세계 영어 연구는 영어 교육 및 응용언어학에서 확실히 자리 잡았다. ≪World Englishes≫라는 학술 잡지도 발행되고 있다. 일찍이 세계 영어 연구는 세계 영어라는 개념으로 일본에도 소개되었다. 이에 혼나 노부유키本名信行 교수는 1997년, '아시아 영어'라는 학회를 창설하고 제1회 전국 학술 대회도 개최했다. 이 학회에서는 아시아의 여러 나라에서 사용되는 영어의 특징과 아시아 문학 또는 미디어 속에 반영된 영어의 특성에 대해 연구해 왔다.

세계 영어와 글말

세계 영어 연구에서 가장 주목받는 것은 각 영어 변이형의 음성적 특징이다. 물론 앞에서 언급했듯이 입말 영어라고 하더라도 각 상황에 따라 다양하게 변한다. 해외에서 접하는 영어, 국내에서 접하는 영어, 그리고 아나운서들이 사용하는 영어가 항상 미국 영어 발음이나 영국 영어 발음이라고 단언할 수는 없다.

글말의 경우는 어떨까? 논문이나 공적 문서 등에서 쓰이는 공식 문장에는 입말에 보이는 다양성이 상당 부분 사라지고, 통일된 규범에 따른 문장들이 많이 나타난다. 물론 글쓴이의 모어적 사고 패턴이 해당 영어 문장의 흐름에도 영향을 미친다는 학설이 있다. 예를 들어, '중심원'에 속하는 영어 원어민 화자는 논리적이고 직선적인 사고 패턴을 가지고 있기 때문에 그들이 작성한 글에도 그런 특징이 반영된다고 한다. 또 다른 예로, '확장원'에 속하는 동아시아 사람들은 결론을 마지막에 제시하는 '애매한' 논리 구조로 영어 문장을 쓴다고 한다. 이처럼 독특한 수사학적 특징과 변형된 형태의 영어 문장 특징도 세계 영어 분야에서 연구해 왔다. 하지만 문화와 언어를 한데 묶어서 논의하기에는 한계가 있다. 이러한 특징은 '환상 5'에서 논의될 '비교수사학' 연구에서 다시 살펴보도록 하겠다.

이외에 비공식적으로 쓰이는 영어는 글말이더라도 일반 회화와 목적이 비슷해서 문법과 철자가 완벽하지 않더라도 의사소통에는 지장이 없는 경우가 많다.

세계 영어와 영어 교육

세계 영어 연구는 각 변종 영어의 음운과 형태소, 통사, 의미에 대한 특징을 기술하고 세계 각지에서 영어가 담당하는 역할을 밝히는 것을 주목적으로 하고 있다. 아울러 '세계 영어'라는 개념이 영어 교육에 시사하는 바에 대해서도 꾸준히 연구해 왔다. 그렇다면, 세계 영어가 영어 교육에 대해 제공할 수 있는 새로운 관점은 어떤 것일까?

먼저, 영어 교육의 목적을 다시 살펴보자. 일반적으로 우리가 영어를 배우는 목적은 세계화에 대응하기 위함이다. 일본 문부과학성이 작성한 「국제 공용어로서 영어 능력을 향상시키기 위한 5가지 제언과 구체적 방안」(2011)과 「글로벌화에 대응하기 위한 영어 교육 개혁 실시 계획」(2013)의 제목에서도 알 수 있듯이, 이미 '영어는 국제 공용어이며 국제적 상황에서 사용되는 언어'라는 인식이 자리 잡혀 있다.

또한, 오래 전부터 미국 영어와 영국 영어가 영어 학습의 표본으로 사용되어 왔다. 학습자는 두 국가의 표준 언어만을 듣고 읽어 왔으며, 그 언어를 기준으로 정확히 쓰고 말하는 교육을 받아 왔다. 그렇다면, 실제 국제 업무에서 배운 영어를 사용할 때 항상 표준 영어만 듣게 될까? 그리고 반드시 표준 영어대로만 말해야 하는 걸까?

세계 영어의 관점에서 말하자면, 대답은 '아니No'다. 우선, '중심원' 국가의 인구는 '외주원'과 '확장원' 국가의 인구에 비해 압도적으로 적다. '중심원' 국가의 총 인구는 전 세계 인구의 6%에 지나지 않는다.

즉, 우리가 영어로 대화해야 할 상대는 '중심원' 출신의 영어 원어민 화자가 아니라 '외주원'과 '확장원' 출신의 영어 비원어민 화자일 가능성이 훨씬 크다. 물론 '중심원' 국가만을 방문하는 학습자도 있을 것이다. 그렇다고 해도 '중심원' 나라에서 만나는 모든 사람이 표준 영어를 사용하는 원어민 화자라고 볼 수는 없다. '중심원' 나라는 모두 다민족 국가이며, 지리적 특성에 따라 화자가 사용하는 영어의 특징도 다르게 나타나기 때문이다.

예를 들어, 입말에 대해서 생각해 보자. 세계 영어에는 다양한 발음이 존재한다. 단어와 표현도 다양하다. 일본인을 포함한 비원어민 화자가 사용하는 영어 문법에는 소위 '표준 영어'에서 벗어난 형태가 많다. 이러한 다양한 영어를 배제한다면, 과연 영어를 국제어로 사용하고 있다고 말할 수 있을까?

글말은 어떠한가? 세계 각지에서 발행되는 신문과 기타 공공 미디어, 서적은 어느 정도 표준 영어를 따르고 있다. 사실 이는 교정 절차를 거쳤기 때문이다. 이에 반해, 일반인이 비공식적으로 쓴 영어는 정확한 문법, 어휘, 철자를 지켜 쓴 것이 아닐 수도 있다. 예를 들어, 회사에서 비원어민 화자와 영어로 대화를 나눌 때 사용하는 영어는 보통 표준 영어 규범에서 벗어나는 경우가 상당하다. 이에 대해서는 '환상 7'에서 다시 다루도록 하겠다.

영어에 다양성이 존재한다는 것은 수신 모드로 소통할 때 규범에서 벗어난 것처럼 보이거나 들리는 영어를 얼마나 이해하고 받아들일 수 있는가의 문제와 직결된다. 발신 모드의 경우, 영어가 규범에서 벗어나 있더라도 "의사소통만 이루어지면 그 목적은 달성했다."라고 할 수 있다. 이는 다음에 소개할 '공용어로서 영어'의 개념과 연관된다.

미국 영어와 영국 영어만을 영어 학습의 표준으로 삼아 가르친다면, 학습자는 전 세계에서 사용되는 다양한 영어에 대해서는 전혀 알지 못한 채 영어는 오직 미국 영어와 영국 영어(그것도 규범적 영어)만이 존재한다고 착각하게 될 것이다.

그렇다면 인도 영어와 싱가포르 영어, 중국 영어, 한국 영어가 표준이 되어도 될까? 그 점에 대해서는 추후 다루도록 하겠다.

세계 영어의 문제점

　세계 영어라는 개념에는 큰 함정이 숨어 있다. 일본어를 예로 들어 보자. 우선, '일본어'란 무엇일까? 우리가 미디어와 인쇄물 등에서 접하는 일본어는 도쿄 방언을 표준으로 한 일본어이다. 이는 국가 기관 또는 공식적 상황에서 사용되는 말이며, 보통 글말에서 사용된다. 그러나 비공식적이고 사적인 공간에서는 이보다 다양하고 풍부한 일본어 표현들이 사용된다. 방언이 쓰이기도 하고, 특정 집단 내에서 통용되는 속어나 유행어가 사용되기도 한다. 예를 들어, 일본 관서 지방에서는 "내버려 둬ほっといて"라는 표현이 무엇을 그대로 두라는 의미가 아니라 어떤 물건을 버려 달라는 의미로 사용된다. 이외에도 우리는 일상에서 다양한 표현들을 사용한다. 표준 일본어에 대한 기준은 있지만, 실제로 대중은 훨씬 다양한 일본어를 사용하고 있다.

　그렇다면 영어는 어떨까? 물론 영어를 사용하는 나라에는 여러 인종이 살고 있는 만큼 다양한 영어가 사용되고 있다. 따라서 미국 영어라고 하더라도 모두 똑같지는 않다. 우리가 흔히 '미국 영어'라고 하는 영어는 언어 교육을 받은 미국 중서부 지역(일리노이주, 위스콘신주, 인디애나주, 미시간주, 오하이오주 등) 출신의 사람들이 사용하는 언어를 말한다. 그러나 미국에도 여러 가지 방언이 존재한다. 특히 남부 영어는 더 강한 특징을 보이는데, 같은 남부 영어도 지역이 어디냐에 따라 차이가 난다. 또한, 보스턴과 뉴욕에서 쓰는 영어는 억양에서도 차이가 난다. 미국 영어는 지역뿐만 아니라 인종과 민족에 따라서 차이가 나기도 하는데, 흑인 영어와 치카노 영어(멕시코계 주민이 사용하는 영어)가 대표적인 사례이다. 억양은 화자의 사회·경제적 지위에 따라 달라지기도 하고, 사회적 상황에 따라 달라지기도 한다.

'미국 언어의 다양성'은 종종 대중 매체에서도 다큐멘터리로 다루어진다. 그 가운데 영국 공영 방송 PBS에서 방영한 〈다양한 미국 언어들American Tongues〉(1988)과 〈미국어를 할 수 있습니까?Do you speak American?〉(2005)를 추천한다. 인터넷에서 해당 다큐멘터리의 일부 영상을 볼 수 있으니 참고하기 바란다. 미국 영어에서 나타나는 다양성은 다른 나라에서 사용되는 영어에서도 찾아볼 수 있다. 물론 '○○ 영어'라고 해도 다양한 변종이 존재하므로 그것을 천편일률적으로 다루는 것은 불가능하다. 각국 영어의 특징을 한데 묶어 동일하게 다루는 것은 사회 언어학적 다양성을 무시하는 것이며, 본질주의를 조장하는 것이기 때문이다. 본질주의란 어떤 사상이나 집단에 내포된 복잡성과 다양성을 무시하고, 그 구성단위의 특징을 단순화시켜 동일하게 취급하는 것을 일컫는다. 다른 말로는 고정관념stereotype 이라고도 할 수 있다.

세계 영어 연구 분야는 세계 각국에서 사용되는 영어의 특징을 규명하고 영어의 다양성을 강조한다. 따라서 세계 영어 연구 분야가 각 국가에서 사용되는 영어의 특징을 고정적인 것으로 개념화한다는 것은 모순이다. 어떤 사상을 세분화하고, 각 단위의 특징을 정의함으로써 다양성을 설명할 수 있다는 일반적인 생각에는 한계가 있다. 이는 언어뿐만 아니라 문화를 이해하는 데에도 해당된다. 문화에 관해서는 '환상 5'에서 다루도록 하겠다.

공용어로서의 영어

세계 영어와 함께 영어의 다양성에 착안하여 영어를 연구하는 분야로는 '공용어로서의 영어English as a Lingua Franca: 이하 ELF'가 있다. ELF은 제니퍼 젠킨스Jennifer Jenkins, 바바라 자이들호퍼Barbara Seidlhofer, 안나 모레인Anna Mauranen, 그리고 무라타 쿠미코村田久美子 등의 학자에 의해 주장되어 온 분야이다. ELF 이론은 영어를 매개로 하는 의사소통에 대한 기존 연구에 의문을 제기한다.

영어 의사소통이라 함은 영어 원어민 화자와의 교류를 위한 것이라는 인식이 고착화되어 있다. 이는 대부분의 영어 교과서에서 화자로 등장하는 이가 영어 원어민 화자인 것만 보아도 알 수 있다. 그러나 세계 영어라는 개념과 실제 영어가 사용되는 상황에 대해 생각해보면, 대화 상대가 언제나 영어 원어민 화자인 것은 아니다. 사실상 전 세계적으로 영어가 사용되는 경우는 비원어민 화자끼리 영어로 대화하는 경우가 압도적으로 많다. 그렇기 때문에 초기 ELF 연구는 비원어민 화자 간의 의사소통에 초점을 맞춰 진행되었다. 그러나 이 것만으로는 영어에 의한 모든 의사소통을 폭넓게 다루고 있다고 할 수 없었다. 그래서 최근에는 비원어민 화자는 물론이거니와 영어 원 어민 화자도 포함하는 의사소통의 특징에 대해 광범위하게 연구하고 있다.

ELF 연구는 아주 흥미로운 사실을 밝혀냈다. 비원어민 화자들은 영어로 대화할 때, 의사소통에 꼭 필요한 '언어적 정확성'과 의사소 통에 큰 영향을 미치지 않는 '언어적 일탈'을 구분할 수 있다는 것이 다. 이는 의사소통을 위해서 최소한의 정확한 발음과 표현이 필요하 지만, 언어 규범에서 벗어나더라도 의사소통에는 별 지장이 없는 표 현도 존재한다는 것을 의미한다.

예를 들어, 의사소통에 큰 영향을 미치지 않는 언어 요소로는 일 본어 원어민 화자가 어렵게 생각하는 th[θ]의 발음이 있다. 하지만 think를 sink나 tink로 바꾸어 발음하거나 this를 zis나 dis로 발음 하더라도 일반적인 의사소통에는 큰 지장이 없다. 동사 3인칭 복수 형 -s의 경우도 she thinks를 she think라고 말해도 말은 통하고, a 와 the 관사를 틀리거나 생략하더라도 대부분의 경우 의사소통에는 별문제가 없다. 또한, 억양이 표준 언어 규범에서 벗어나도 의미는 통한다.

표준 언어 규범을 정확하게 지키지 않더라도 말이 통하는 이유는 발화와 문장이 문맥을 통해 이해되기 때문이다. 그리고 보통 영어 시험에서는 오류라고 판단되는 불가산 명사의 복수형, 즉 'furnitures' 와 'informations' 같은 형태가 실제 대화에서는 자주 사용되기도 한다.

의사소통은 원어민 화자든 비원어민 화자든 서로 묻고 확인하며 상대방과 맞추어 가는 과정을 통해서 성립된다. 특히, 비원어민 화자끼리 이야기할 경우 서로에게 부족한 부분을 보완하면서 의미를 교환해 나간다는 사실도 익히 알려져 있다. 예를 들어, 어떤 표현이 이해되지 않을 때에는 상대방에게 그 의미와 문법을 물어보면서 의사소통을 계속 이어 나간다. 여기서 중요한 것은 '의사소통 전략'이다. 의사소통 전략에는 몸짓으로 표현하거나 문장을 바꾸어 말하거나 다른 단어로 대체해 말하는 등의 여러 가지 방법이 존재한다. 하지만 대화 중에 틀린 부분을 일일이 신경 쓰거나 소소한 부분까지 다 확인하는 것은 오히려 자연스러운 의사소통을 하는 데 방해가 될 수 있다. 따라서 불분명한 점이나 엇갈리는 부분이 생겨도 그게 전체 대화에 지장을 주지 않는다면 무시하고 넘어가는 것도 하나의 전략이다.

세계 영어 교육의 도입

세계 영어 분야는 기존의 영어 교육을 지탱해 온 언어 규범에 의문을 제기한다. 영어가 세계적으로 확산되면서 영어의 언어 형식이 다양해지기 시작했다. 영어를 국제어로 사용하기 위해서는 이런 다양성을 적극적으로 받아들일 필요가 있다. 아야 마츠다Aya Matsuda 같은 연구자는 세계 영어 연구 분야의 관점을 영어 교육에 적용하기 위해 방법을 모색하고 있다.

비원어민 화자 사이의 영어 의사소통에 주목한 ELF도 중요한 의문을 제기했다. 바로 '비원어민 화자끼리 의사소통을 할 때 표준 영어의 언어적 기준을 꼭 따를 필요가 있는가?' 하는 의문이다. 물론 어느 정도의 언어적 기준이 없으면 의사소통이 어려워질 수는 있다. 하지만 '그 기준에 정도의 차이가 있어도 되지 않을까?'라는 의문이 생겼다.

실제로 영어 교육 현장에 이런 언어적 다양성을 적용한다면 더 나은 교육을 할 수 있을지 모른다. 하지만 이를 위해서는 선행되어야 할 과제들이 있다. 그중 하나가 바로 '기준의 선택'이다. 중립적인 기준으로 ELF를 선택한다고 하더라도 언어 교재는 특정한 기준을 토대로 작성해야 할 필요가 있다. 다양성을 존중하는 관점과 교육을 위한 기준의 선택에는 분명 모순이 존재한다. 하지만 어느 정도의 통일된 기준이 없다면 학습자는 학습의 방향이나 목표를 정할 수 없어 불안감을 느낄 수도 있다.

또 하나의 문제는 평가이다. 영어가 학교 교육의 교과목 중 하나인 이상, 평가는 피할 수 없는 부분이다. 평가란, 어떤 기준에 맞추어 개인의 능력을 측정하는 것을 뜻한다. 수많은 학습자를 공정하게 평가하기 위해서는 통일된 기준이 있어야 한다. 규범에서 벗어난 문법과 발음은 상대에 따라 통할 때도 있고, 통하지 않을 때도 있다. 그렇기 때문에 통한다는 이유로 복수의 답을 설정해 두는 것은 위험한 선택이 될 수 있다.

교육계에서는 획일적인 평가에 대한 대안으로 주관식 답안 혹은 열린 답안과 자가 평가가 포함된 수행 평가를 도입했다. 하지만 대학 입시에 영어가 시험 과목으로 들어 있기 때문에 수험자의 영어 능력을 수치화할 필요가 있다. 이것이 교육계가 난항을 겪고 있는 이유이자 그동안 규범으로 여겨진 미국과 영국의 표준 영어가 다시금 기준으로 받아들여진 이유이다.

앞으로 어떻게 하면 언어의 다양성을 교육의 장에도 도입시킬 수 있을지, 학습자가 이에 대한 중요성을 이해하고 적극적으로 배우기 위해 어떤 방법이 있을지 지속적인 연구가 필요하다.

한국에서 '미국인'과 '미국식 영어'를
선호하게 된 사회적 배경

일본에서 도쿄 방언을 표준어로 정하고 정규 교육 과정에서 가르치는 것처럼, 한국에서는 '교양 있는 사람들이 두루 쓰는 현대 서울말'을 표준어로 정하고 있다. 각 지역의 방언이 다양하지만 정규 교육 과정 및 뉴스 등의 방송 매체에서는 서울말을 표본으로 한다.

그렇다면 한국인이 영어를 배울 때 언어 학습의 표본이 되는 영어는 무엇일까? 많은 사람이 CNN, BBC 뉴스 아나운서의 영어 발음 혹은 교육을 받은 미국의 중서부 출신 사람들이 사용하는 영어를 떠올린다. '표준 영어'에 대한 한국인의 인식에 영향을 미치는 요인에는 여러 가지가 있겠지만, 미국식 영어 중심의 교과서 음성 자료, 공인 영어 시험(토익, 토플, 아이엘츠 등)의 듣기평가 자료, 특정 국가 출신의 영어 강사, 디즈니나 할리우드 영화 같은 대중 매체가 한국인의 인식에 상당한 영향을 미쳤을 것으로 보인다.

더 나아가 '영어'에 대한 한국인의 인식은 영어가 한국에 본격적으로 도입되기 시작했던 시기, 한미 당국의 정치, 경제, 사회, 문화적 관계와도 밀접한 연관이 있다. 이지혜는 2016년 발표한 논문에서 제2차 세계대전 종결과 한국의 일제 강점기 해방 이후 미 군정기 United States Army Military Government in Korea 를 거치며 국내에 영어가 어떻게 도입되었고, 그 이후 근대화, 세계화의 흐름에 발맞춰 한국의 영어 교육이 어떻게 발전되었는지 자세하게 서술하고 있다.

논문 내용의 일부를 요약하면 한국 재건기에 영어는 단순히 새로운 언어 혹은 의사소통의 수단이라기보다 서양의 신문물을 소개하는 통로였고, 미국의 주요 정·관계 사람들과 연결해 주는 수단이었으며, 개인의 사회적·경제적 '성공'을 가능케 하는 사다리 역할을 했다. 물론, 개인의 영어 실력이 그들의 성공에 유일한 요소는 아닐 것이다. 하지만 한국 재건기 당시 초대 대통령, 장관, 총리 등의 고위직을 역임한 정치인과 학계 인사 대부분이 미국과 영국 대학의 학위 소지자였다는 점을 간과해서도 안 된다.

이후 한국은 근대화 및 세계화 시대를 맞이했고, 수많은 한국인이 사회의 격변기를 경험했다. 한국인들은 격변기 속에서 영어 실력을 갖춘 주변인들이 다양한 사회적 혜택(대학 입시, 취업, 승진 등)을 받는 걸 지켜보았고, 자연스럽게 '영어 교육 열풍English fever'이 시작되었다. 특히, '미국식 영어 발음'으로 대표되는 개인의 영어 유창성을 성공적인 영어 학습 신호로 여기며, 유치원생부터 성인에 이르기까지 많은 사람이 미국식 영어를 구사하기 위해 끊임없이 노력 중이다.

하지만 많은 이가 생각하는 것처럼, 미국 영어와 영국 영어만이 옳은 영어일까? 최근 한국 내에서도 국제 공통어로서의 영어와 규범적 영어(표준 영어)가 양립할 수 있는지에 대한 논의가 활발하게 진행 중이다. 라재원은 2019년에 발표한 논문에서 한국의 '영어 교육 열풍', '한국 사회 내 영어의 역할', '미국인과 미국 영어를 선호하게 된 사회적 배경'을 설명하면서 국내 영어 교육이 국제화 시대의 흐름을 반영하지 않고, 전 세계의 다양한 영어 사용자를 고려하지 않았다고 비판했다. 심영숙은 2015년 국내 중·고등학교 영어 교사들을 대상으로 한 세계 영어에 대한 인식 조사를 통해, 세계 영어 교육은 단순히 몇몇 국가의 영어를 표본으로 소개하는 것으로 충분하지 않으며, 영어 교육의 목표, 교육 과정, 교수 학습 자료, 평가 기준 등 영어 교육 전반에 변화가 필요하다고 주장했다. 이에 우리는 어떻게 영어의 다양성을 한국 영어 교육의 장에 도입할 것인가에 대한 고민이 필요하다.

영어 교육에 대한 10가지 환상

언어는 원어민에게 배워야 한다

"외국어를 배울 때 누구한테 배우는 것이 좋은가?"라는 질문을 받으면 아마 대부분의 사람은 그 언어의 원어민이라고 답할 것이다. 사설 영어 학원은 오래 전부터 주로 영어 원어민 화자를 교사로 채용해 왔다. 일본의 초등학교와 중·고등학교에서도 영어 원어민 화자를 외국어 보조 교사ALT: Assistant Language Teacher로 고용해 영어 수업을 진행하고 있다.

그러나 세계 영어와 ELF 연구 분야가 '정통' 영어의 정의에 대해 의문을 제기한 만큼, 우리도 '누가 그 정통 영어 또는 규범 영어의 사용자인지'에 대해 고민해 볼 필요가 있다. 실제로 언어의 기준은 언어 사용자의 기준과 밀접하게 관련되어 있다. 그리고 그 기준에는 특정 이데올로기가 작동하고 있다.

이 장에서는 우리가 왜 영어 원어민 화자를 더 선호하는지, 그 이유와 문제점에 대해서 살펴볼 것이다.

살아있는 영어

"수업을 영어로 진행해야 살아있는 (실제로 사용하는) 영
어를 접할 수 있고, 학생들이 살아있는 영어를 사용할 수 있게
하기 위해서는 원어민 영어 강사 및 외국어 보조 교사ALT, 지역
인재 활용, 지도력 향상을 추진해 나갈 필요가 있다."

이 글은 2014년 일본 문부과학성이 설립한 '영어 교육의 이상적
모습을 위한 지식인 모임'에서 배포한 제5회 회의 자료의 내용 중 일
부이다. 앞부분에는 영어 수업은 영어로 해야 한다는 내용이 기술되
어 있는데, 이 부분은 '환상 9'에서 다시 살펴보기로 하고, 우선 이 장
에서는 원어민의 역할에 대해서만 생각해 보자.

위 인용 글에서는 원어민과 대화를 함으로써 "살아있는 영어를
접할 수 있다."라고 가정하고 있다. '살아있는 영어'라는 말은 영어
회화 학원 광고에서도 자주 사용되는 문구이다. 그렇다면 '살아있는
영어'란 도대체 어떤 영어를 말하는 것일까? 그 반대말은 '죽은 영어'
혹은 '움직이지 않는 영어'인가? 아마도 '살아있는 영어'에 함축된
의미는 '정확한 발음', '자연스러운 표현', '유창성'일 것이다. 표준
언어에 대한 전제, 다시 말해 언어에 대한 우리의 가치 판단이 여기
에도 숨어 있는 것이다. '살아있는 영어'를 할 수 있는 사람은 원어민
이고, 부정확하고 이해하기 힘든, 영어답지 않은 발음의 영어는 '살

아있지 않은 영어'라는 가치 판단이다. 동시에, 우리는 '중심원' 국가의 표준 영어, 특히 미국과 영국 표준 영어를 구사하는 사람만이 정확한 발음을 구사하는 영어 화자, 즉 '미국과 영국의 원어민'이라고 믿곤 한다.

그러나 앞 장에서도 언급했듯이, 영어 화자는 '중심원'의 표준 영어만을 사용하는 사람들로만 구성되어 있지 않다. 영어 원어민에는 '외주원' 국가 출신의 영어 화자인 싱가포르나 인도 영어 원어민도 포함된다. 그러나 '외주원' 국가 출신의 영어 원어민들이 학교 영어 교사나 영어 회화 학원 강사로 채용되는 경우는 극히 드물다.

일본 국제 교류 프로그램과 사설 어학원

일본의 JET 프로그램The Japan Exchange and Teaching Programme; 국제 교류 및 어학 지도를 위한 외국 청년 초빙 사업을 위해 고용된 외국어 보조 교사 ALT 관련 통계를 살펴보자. 1987년부터 시작된 JET 프로그램은 일본 정부가 추진한 사업으로, 일본 학생들의 국제 교류와 외국어 교육을 위해 외국 청년들을 초대하여 지역 국제화를 촉진시키는 것을 목적으로 한다. 해마다 참가국이 늘어나 2017년에는 23개국에 이르렀다. 물론 영어 이외의 언어를 가르치기 위해 온 ALT도 포함되어 있지만, 그 수는 극소수이며 99% 이상이 영어를 지도하기 위해 온 사람들이었다. 그 가운데 92%의 ALT가 '중심원' 국가 출신자고, 그중 60%가 미국 출신이었다. ALT의 기회가 미국 출신자들에게 편중되어 있는 이유는 차후에 다시 살펴보도록 하겠다.

요즘 ALT 모집 요강에는 원어민 화자여야 한다는 조건이 없다. "현대 표준 발음과 억양을 정확하고 적절하게 구사할 수 있는 능력을 갖춘 자, 또한 논리적으로 문장을 구성할 수 있는 능력을 갖춘 자"라고만 적혀 있다. 하지만 통계상의 ALT 국가 비중을 고려하면 "현대 표준 발음과 억양"이라는 규정은 기본적으로는 원어민 화자 고용을 전제한 것으로 보인다.

대부분의 사설 학원 구인 광고에는 원어민 화자만을 모집한다는 문구가 명시되어 있다. 일례로, "looking for a native English instructor(원어민 영어 교사 모집)"라는 문구를 인터넷 광고에서 쉽게 찾아볼 수 있다. '살아있는 영어'의 필요성이 강조될수록 영어 원어민에 대한 수요도 늘어날 것이다.

일반적으로 영어 교육에서 요구하는 영어 원어민 화자는 '영어를 모어로 사용하는 사람'을 의미한다. 그러나 사실상 이 표현에는 영어를 모어로 하는 화자라는 의미뿐만이 아니라 '중심원' 국가에서 사용하는 표준 영어를 사용하는 사람이라는 의미도 포함되어 있다.

영어 원어민 화자란 보통 영어를 모어로 사용하는 사람이라고 정의되지만, 이는 그리 간단히 설명할 수 있는 개념이 아니다. 그렇다면 '원어민 화자'란 어떤 사람을 가리키는 것일까?

일본어를 예로 들어보자. 세계적으로 널리 쓰이고 있는 영어와 달리, 일본어는 언어와 민족, 인종, 국적이 서로 밀접하게 관련되어 있어 '일본어 화자'라고 하면 보통 '일본인'을 떠올린다. 하지만 세계화가 진행된 지금은 어떠한가? 예전과는 달리 일본인의 모습과 출신지가 다양해졌을 뿐만 아니라, 일본에서 나고 자란 일본인이 아님에도 일본어에 능통한 사람이 많아졌다.

역사적으로 살펴보면, 한때 일제 강점기 때 조선(한국)과 대만에는 일본어 학습을 강요한 당시 언어 교육 정책의 영향으로 '일본인'이 아니더라도 일본어에 능통한 사람들이 다수 존재했다. 최근에는 해외에서 태어나고 자랐지만, 부모가 일본어 원어민이라서 일본어를 구사할 수 있는 사람도 있다. 물론 양 부모가 '일본인'이 아니더라도 일본에서 태어나고 자라서 일본어 교육을 받은 사람도 있다. 늘어나고 있는 일본 내 해외 유학생 중에서도 일본어를 유창하게 할 수 있는 사람도 많다. 이는 일본어를 능수능란하게 구사할 수 있는 '일본어 화자' 중에 일본인이 아닌 사람의 수가 상당하다는 증거다.

그렇다면 '일본어 원어민 화자'란 도대체 어떤 사람을 지칭하는 것일까? 일본 국적을 가지고 있어야만 할까? 아니면 보다 느슨한 정의가 필요한 것일까? '원어민 화자'를 정의할 때는 보다 다양한 요소를 고려해야 한다.

원어민에 대한 정의: 이론언어학의 관점에서

영어처럼 세계적으로 사용되고 있는 언어는 필연적으로 원어민의 다양성을 인정할 수밖에 없다. 응용언어학 분야에서는 1990년대부터 세계 영어에 관한 연구와 더불어 '영어 비원어민'에 대한 연구가 활발히 진행되어 왔다. 그중에는 원어민과 비원어민이라는 이분법적 논리에 대해 의문을 제기한 연구도 있다.

비원어민에 대한 연구를 살펴보기에 앞서, 먼저 이론언어학에서 '언어 원어민의 특성'을 어떻게 설명하고 있는지 알아보자. 현대 논리언어학의 일인자인 노암 촘스키Noam Chomski는 이상적 원어민이 가지고 있는 내재적 언어 능력을 통사론(문법) 분석, 즉 문장의 정확성을 판단하는 기준으로 삼았다. 예를 들어 원어민에게 "You speak English, don't you?"는 정확한 문장이지만, "You speak English, aren't you?"는 잘못된 문장으로 인식된다. 이런 언어관은 언어 평가(테스트)에도 영향을 미칠 뿐만 아니라 언어 교육의 현장에도 적용되어 규범주의 재생산에 기여하고 있다.

물론 우리가 일상에서 사용하는 말이 언제나 규범적이고 정확하지는 않다. 예를 들어, 앞 장에서 언급한 ELF에 따르면 부가의문문 "don't you?"나 "aren't you?" 전부 "isn't it?" 또는 "no?"로 바꾸어 말할 수 있다. 이처럼 우리가 일상에서 실제로 사용하는 다양한 언어 사용 실태를 연구하는 분야가 바로 사회언어학이다. 그리고 사회언어학 관점은 이론언어학과는 대조적이다.

사회언어학 관점에서 본 원어민성Nativeness

사회언어학 관점에서 원어민의 문제를 생각해 보자. 원어민이라는 개념에서 가장 중요한 것은, 이 개념이 단지 추상적인 언어 능력을 지칭하는 것이 아니라 화자의 정체성과도 깊이 연관되어 있다는 점이다. 이 문제에 대해서 응용언어학자인 알란 데이비스Alan Davies는 세 가지 요소를 강조하는데, 언어 능력, 자기 소속감, 그리고 타자에 의한 승인이 바로 그것이다. 즉, 원어민인지 아닌지는 객관적 기준에 의해 판단할 수 있는 것이 아니라 자신과 타인의 인식에 따라 크게 좌우된다는 말이다. 또 다른 응용언어학자 준 리우Jun Liu는 화자의 정체성이란 원어민과 비원어민 중 하나에만 속하는 것이 아니라 양극단에 위치한 두 범주 사이를 연결하는 직선 위 어딘가에 위치하는 것으로 간주한다.

그러나 파라나즈 파애즈Farahnaz Faez의 실증 연구에 따르면, 원어민성Nativeness 또는 비원어민성Non-Nativeness의 판단은 여러 요인에 의해 좌우되며 상당히 복잡하고 유동적인 것으로 밝혀졌다. 파라나즈 파애즈는 이 연구에서 캐나다 대학 교육학과에 다니는 대학생을 대상으로 자신과 타인(대학 강사)의 원어민성Nativeness에 관한 인식을 조사했다. 연구 결과에 따르면 캐나다에서 태어나 교육을 받아 온 중국계 2세 여학생은 자신을 영어 원어민으로 인식했지만, 대학 강사는 그녀를 비원어민으로 판단했다. 14살 때 영어 '외주원' 국가인 필리핀에서 캐나다로 이민 와 캐나다에서 고등학교와 대학교를 졸업한 남학생은 타갈로그어보다 영어를 쓰는 데 더 자신감을 보였다. 그는 대학 강사로부터 인정받을 만큼 유창한 영어 실력을 지녔지만, 자신을 영어 원어민으로 정의하지 않았다. 또 다른 '외주원' 국가인 인도 출신 남학생은 영어를 자신의 제1언어, 텔루구어를 제2언어라고 말하며 본인을 영어 원어민으로 여겼지만, 대학 강사는 그의 영어 실력을 낮게 평가하며 그를 영어 원어민으로 인정하지 않았다.

이처럼 언어 능력, 자기 소속감, 타인에 의한 승인이 항상 서로 일치하는 것은 아니다. 그뿐만 아니라 개인의 언어관 역시 자신과 타인의 정체성을 판단하는 데 많은 영향을 끼친다. 예를 들면, 우리가 생각하는 표준 영어의 언어적 특징과 원어민의 이미지가 일치하지 않는 경우, 우리는 그 언어 사용자를 비원어민으로 간주하곤 한다. 여기서 놓치지 말아야 할 점은 언어 이외의 다른 요소들이 우리의 판단에 미치는 영향력이다. 즉, 언어 사용자의 인종, 민족적 배경, 또는 외모가 영어 원어민인지 아닌지를 판단하는 데 크게 영향을 미친다는 것을 잊지 말아야 한다. 다음 장에서 관련 내용을 자세히 살펴보기로 하자.

'원어민에 대한 맹신'과 언어 차별

원어민과 비원어민의 구별은 여러 가지 요인에 의해 결정되기 때문에 '원어민'의 정체성은 상대적이고 유동적이다. 그러나 영어 교육 현장에서는 '중심원' 국가의 표준 영어를 모어로 사용하는 사람만이 영어 원어민으로 인정받는 경향이 강하다. 대부분의 사람이 이들만을 '살아있는 영어'를 구사할 수 있고, 영어 강사로서 최고의 조건을 갖춘 사람이라고 믿는다. 그렇기 때문에 영어를 모어로 사용하지만 영어 원어민으로 인정받지는 못하는 사람들이나, 영어를 유창하게 구사하지만 스스로를 비원어민으로 규정하는 사람들이 영어 강사로서의 자격을 갖는 것에 대해 의문을 품는다. 영어학자 로버트 필립슨 Robert phillipson 은 영어의 '언어 제국주의'를 비판하면서, 원어민에 대한 사람들의 편향된 관점을 '원어민에 대한 맹신 Native Speaker Fallacy'이라고 부르며 문제를 제기했다.

실제로 차별을 경험해 보지 않은 사람이 그 고통을 이해하기란 쉽지 않다. 나는 오랜 기간 영어 비원어민으로서 미국 대학에서 강의를 했다. 일본어 수업은 일본어로 가르쳤으며, 제2언어 교육학에 관련된 수업은 영어로 진행해 왔다. 흥미로운 점은 내 모어인 일본어로 가르친 일본어 수업에서는 학생들에게 좋은 평가를 받았지만, 비모어인 영어로 가르친 수업은 평가 결과가 달랐다는 것이다. 특히 강의 초기에는 "영어 실력이 좋지 않다.", "설명을 빨리 하지 못해 지겨울 때가 있다." 등의 혹독한 평가를 받았다. 역설적이게도 그 수업은 외국어 교수법에 관한 것으로, 스페인어 원어민 화자 같이 영어 비원어민 학생들이 많은 수업이었다. 그 학생들은 미래에 영어 비원어민 화자로서 미국 중·고등학교에서 학생들을 가르쳐야 하는 사람임에도 불구하고 비원어민이던 내가 겪는 어려움에 공감하지 못했을 뿐만 아니라, 언어의 다양성에 대한 이해와 관용이 부족했다.

나는 여러 논문과 수업에서 이러한 문제를 여러 번 지적했지만, 많은 사람의 동의를 얻는 게 쉽지는 않았다. 이는 원어민에 대한 강한 믿음과 언어관이 사람들에게 깊이 내재되어 있기 때문이다.

비원어민 영어 교사의 장점

비원어민 영어 교사들은 오랫동안 이런 편견과 차별에 대항하며 이의를 제기해 왔다. 1998년 미국, 영어 교사 단체인 TESOL Teachers of English to Speakers of Other Languages은 비원어민 영어 교사 분과회 Nonnative English Speakers in TESOL: NNEST를 설립했다. 이 분과회 설립의 주목적은 비원어민 교사의 지위를 향상시키고 그들의 지위와 정체성에 관한 학술 연구를 추진하는 것이다. 2006년 TESOL 이사회는 '영어 교육에서 비원어민 교사에 대한 차별에 반대하는 의견서'를 채택하기도 했다. 이 의견서에서는 영어 교사 채용 기준에서 원어민 화자조건을 삭제하고 영어 교사의 영어 운용 능력과 교원 경험, 높은 전문 지식과 기술 등을 중시할 것을 요구했다.

2000년부터는 비원어민 교사에 관련된 학술 연구도 활발해졌다. 원어민 또는 비원어민에 대한 영어 학습자들의 인식과 태도, 영어 강사를 채용하는 고용주의 인식(특히 단기 유학생을 위한 집중 영어 프로그램), 비원어민 교사의 장점 등에 대한 연구가 진행되어 왔다.

실제로 비원어민 영어 교사는 원어민 영어 교사에 비해 여러 장점이 있다. 우선, 비원어민 교사들은 학습자와 마찬가지로 학습을 통해 영어를 습득했기 때문에 학습자들에게 훌륭한 본보기가 될 수 있다. 또한, 학습자와 공감대를 형성할 수 있고 학습자에게 알맞은 학습법을 제시할 수도 있다. 그뿐만 아니라, 문법과 표현에 대해서도 이해하기 쉽도록 적절한 설명을 해 줄 수 있다는 장점이 있다. 원어민은 모어의 문법 구조 규칙을 설명할 수 있기까지 특별한 교육과 훈련을 받아야 하지만, 비원어민은 목표 언어의 문법과 표현을 의식적으로 배워 왔기 때문에 문법 구조를 분명하고 명확하게 가르치는 것

이 가능하다. 일본에서 나고 자란 사람이 일본어 문법과 어휘 용법을 가르칠 수 있을지 상상해 보면 쉽게 이해가 갈 것이다. 예를 들어 영어 지시 대명사인 this와 that의 차이는 쉽게 설명할 수 있지만, 일본어의 'これ(이것)'와 'それ(그것)', 'あれ(저것)'의 차이를 설명하기란 쉽지 않다.

그간 영어 교육 분야에서는 비원어민 교사의 지위 향상을 위한 노력이 계속되어 왔다. 예전에 비해 교사 모집 광고에서도 '원어민 교사 모집'이라는 문구가 많이 사라졌다. JET 프로그램 웹사이트에는 아래와 같은 내용도 기재되어 있다.

〈자주 물어 보는 질문〉

"영어를 모어로 하는 국가 출신은 아니지만 영어를 전공하고 있고 영어 교사로 일을 한 적도 있습니다. ALT에 신청할 수 있나요?"

"경우에 따라서 ALT로 참가하실 수 있습니다. 귀하의 나라에 있는 일본 대사관에 문의해 주십시오."

안타깝게도 JET 프로그램에서 영어 비원어민 화자가 실제 영어 강사로 얼마나 채용되는지에 대해 확인할 길은 없다. 하지만 위 내용에서는 표면상으로나마 채용될 가능성이 있음을 암시하고 있다. 앞으로도 더 많은 노력이 필요할 것이다.

　　비원어민 교사를 위한 운동은 일정 부분 사람들의 인식을 개선하는 데 큰 역할을 해 왔다. 그러나 이 운동은 사람들의 비판을 받기도 한다. 그 첫 번째 비판은 '비원어민'이라는 명칭의 사용, 특히 '비'라는 단어가 함의하고 있는 부정적 의미 때문이다. 앞에서 소개한 TESOL의 NNEST 분과회에서도 이 명칭의 사용이 오히려 '기준에서 벗어난'이라는 부정적 정체성을 형성하는 역효과를 낳을 수 있다는 의견이 있었고, 이에 대한 논의가 여러 차례 이루어졌다. 물론, 단어의 의미는 고정된 것이 아니기 때문에 새로운 의미와 가치를 부여하는 것도 가능하다. 예를 들어, 동성애자를 지칭하는 '퀴어queer'라는 단어는 본래 '이상한, 기이한'이라는 부정적 의미로 동성애자를 비하하거나 경멸할 때 쓰는 단어였다. 하지만 1980년에 동성애자 인권 운동이 전개되면서부터 본래 가지고 있던 부정적 의미는 사라졌고, 지금은 성 소수자를 포괄하여 지칭하는 단어로 사용되고 있다. 그러므로 현재 영어 교육에서 부정적으로 인식될 수 있는 '비원어민'이라는 단어도 교육 정책과 시기, 올바른 교육 활동에 따라 더 나은 의미를 찾을 가능성이 존재한다.

　　또 다른 비판은 '비원어민 교사와 연구자들이 스스로 자신의 지위 향상을 위해 노력하고 있는지, 오히려 원어민을 신봉하거나 서양 중심 사상에 빠져 있는 것은 아닌지'에 관한 것이다. 예를 들어, 비원어민으로서 영어를 가르칠 때 무의식적으로 원어민의 기준에 맞추어 지도를 하는 것은 아닌지, 그리고 원어민 교사가 훨씬 뛰어나다는 생각을 하고 있지는 않은지와 같은 문제는 생각해 볼 만하다. 그뿐만 아니라, 비원어민 교사에 관한 학술 연구에서도 알게 모르게 서양 중심 이론에 근거하여 논의를 펼쳐 나가고 있는 것은 아닌지도 생각해 봐야 할 것이다.

비원어민에 관한 독자적 이론 틀을 새롭게 구축하는 것이 가능한지, 그 틀을 서양 주류 이론인 포스트식민주의와 연결시킬 수 있는지에 대해서도 생각해 봐야 할 것이다. 즉, 북반구의 서양에서 만들어져 확산된 '북北의 이론'에만 의존하지 않고 다른 세계관을 가진 '남南의 이론'도 모색할 필요가 있다.

글말과 비원어민성Non-Nativeness

지금까지 논의한 원어민성Nativeness과 비원어민성Non-Nativeness에 대한 정의는 주로 입말을 대상으로 한 것이다. 그렇다면 글말, 특히 발신 모드 중의 하나인 '쓰기' 작업의 경우는 어떨까? '쓰기' 작업에도 여러 가지 목적과 장르가 있지만, 대학 작문과 학술 관련 자료 및 논문에 대해서만 먼저 생각해 보자.

소위 '원어민 검토'가 이루어지지 않은 단계에서 작성된 어떤 문장이 있다고 가정하자. 이때 그 문장을 원어민이 쓴 것인지 아니면 비원어민이 쓴 것인지를 판단할 수 있는 기준은 사용된 문법과 어휘 표현의 정확성이다. 그러나 문법과 어휘를 자연스럽게 수정한 글이 되면 원어민이 쓴 것인지, 비원어민이 쓴 것인지 구별하기가 힘들 수 있다. 그렇다면, 문법과 어휘만 정확하게 사용했다면 좋은 문장이라고 할 수 있을까?

대학 리포트나 논문을 잘 쓰는 데 필요한 능력은 글의 전체 구성과 논의 진행 방법, 논리성 등이다. 이런 능력은 글쓴이가 원어민인지, 비원어민인지와는 무관하다. 실제로 북미 대학에는 영어 원어민이라고 하더라도 좋은 논문을 못 쓰는 학생들이 다수 존재한다. 말하기와 달리 쓰기 능력은 교육에 의해 습득되는 것이기 때문이다. 모어로 학술적 글쓰기 능력이 뛰어난 사람이라면 영어로 글을 쓸 때도 그 실력이 드러나는 법이다.

글의 문법과 어휘의 정확성에 대한 개념 자체에도 의문이 제기되었다. 물론 예컨대 철자나 주어·술어의 호응 관계가 잘못된 것은 명확한 오류지만 표현의 적절성과 정확성은 개인의 판단에 따라 다른 경우가 많다. 조엘 헹 할츠Joel Heng Hartse는 박사 논문 연구를 위해 중국인 대학생 7명이 작성한 영어 에세이를 영어 비원어민 화자 30명과 원어민 화자 16명에게 읽게 하고 잘못된 부분을 체크하도록 했다. 그리고 조엘이 오류 검토 결과를 보고 가장 먼저 깨달은 사실은 검토한 사람마다 오류라고 지적한 곳이 다 다르다는 것이었다. 표본

집단에는 비원어민과 원어민 모두 포함되어 있었음에도 불구하고 부적절하다고 지적한 부분이 너무나 다양했으며, 반 이상의 참가자에게 공통적으로 지적받은 부분은 전체의 2.5%에 지나지 않았다.

비원어민이 쓴 논문이 북미 학술지 심사에서 혹평을 받을 때가 있다. 물론 연구 분야에 따라 다르겠지만, 그 이유 중의 하나는 논문 주제 때문이다. 응용언어학을 예로 들어보자. 해당 논문이 북미와 유럽을 대상으로 한 연구가 아닐 경우, 학술지 심사에서 낮은 평가를 받을 가능성이 크다. 이는 저자가 원어민인지 비원어민인지와는 전혀 관계가 없지만, 일반적으로 북미와 유럽 이외의 지역을 대상으로 한 연구의 저자는 비원어민인 경우가 많다.

물론 학술지의 경우는 보통 논문을 쓴 저자의 이름이 공개되지 않은 상태로 심사가 이루어진다. 저자의 이름이 적혀 있는 경우, 그 이름을 본 순간 독자는 선입견을 가지고 그 글을 대할 수 있기 때문이다. 이는 앞에서 언급한 정체성 연구에서 중국계 캐나다 학생이 강사로부터 비원어민으로 인식된 것과 동일한 경우다.

다음 장에서는 언어 이외의 요소에 대해서 생각해 보도록 하자.

한국에도 일본의 외국인 보조 교사 ALT: Assistant Language Teacher 제도와 유사한 원어민 보조 교사 채용 시스템이 있다. 한국 정부와 연계된 대표적인 프로그램은 바로 EPIK English Program in Korea 과 TaLK Teach and Learn in Korea 이다. 1995년에 설립된 EPIK의 설립 취지는 공식 홈페이지를 통해 살펴볼 수 있다.

세계화 시대의 흐름에 맞춰 한국인 교사와 학생들의 영어 말하기 실력 향상

영어 교과서, 수업 교재 및 교수법 개선

한국과 외국인의 문화 교류

한국의 이미지 개선

사실 EPIK 프로그램이 설립되기 전인 1980~90년대에도 미국 평화봉사단 American Peace Corps, 풀브라이트 영어 교사 장학생 Fulbright English Teaching Assistantship 등의 프로그램을 통해 한국의 중·고등학교에 미국인 영어 강사가 채용된 사례가 있다. 하지만 한국에서 원어민 보조 교사 프로그램이 본격적으로 활성화된 시기는 2008년, 이명박 정권의 '영어 교육 강화 정책'이 도입된 이후이다.

2008년 EPIK의 인사관리처가 설립되면서 2009년 1,263명의 원어민 보조 교사가 채용되었고, 2018년까지 매년 약 천여 명의 교사가 채용되어 국내 공립·사립의 초·중·고등학교에 배치되었다.

2020년 현재 EPIK을 통해 한국의 공립·사립학교에서 영어 원어민 보조 교사로 근무하기 위한 조건은 다음과 같다. 지원자의 전공은 관계없으나 반드시 대학 졸업자여야 하며, 호주, 캐나다, 아일랜드, 뉴질랜드, 영국, 미국, 남아프리카 공화국의 7개국 출신이어야 한다. 해외 거주 한국인이라면 7학년(중학교 1학년)부터 대학 교육까지 위의 7개국에서 이수한 경우에만 원어민 보조 교사로 지원할 수 있다. 만약 전문대를 졸업하거나 일반 대학의 2년 과정만 수료했다면, EPIK 프로그램이 아닌 TaLK 프로그램에만 지원이 가능하다. TaLK를 통해 채용된 교사는 초등학교에만 배정되고, EPIK를 통해 채용된 교사에 비해 상대적으로 수업 시수가 적다.

한국 영어 교육 정책에 관한 나의 최근 논문에 원어민 보조 교사 프로그램의 장단점이 잘 요약되어 있다. 대체로 긍정적으로 평가받은 부분은 외국인과 직접 대면의 기회가 적은 한국 학생들이 학교 수업을 통해 외국인 강사를 만나고, 영어 의사소통의 기회를 얻는다는 점이다. 하지만 원어민 채용의 어려움, 수업의 효율성, 원어민 강사와 일반 영어 교사의 수업 연계성 부족, 학생 관리의 어려움, 큰 비용 지출(숙소, 월급, 입·출국 지원금, 정착금 등) 등이 프로그램 유지에 대한 현실적인 걸림돌로 여겨졌다. 최근 뉴스 보도에 따르면, 대다수의 시·도 교육청이 2019년부터 영어 원어민 보조 교사를 더는 채용하지 않거나, 그 수를 줄이겠다고 발표했다. 그 결과 현재 한국의 공립·사립학교에 채용된 원어민 강사의 수는 점차 줄어들고 있다.

2장 전반에서는 원어민·비원어민 화자가 누구인지, 사람들이 원어민·비원어민에 대해 어떤 편견이 있는지에 대해 살펴보았다. 한국 내에서도 영어 원어민에 대한 편견이 존재한다. 따라서 유아를 대상으로 하는 영어 학원부터 성인을 대상으로 하는 영어 회화 학원까지 중심원 국가 출신의 백인 원어민을 대표 강사로 내세우기도 하고, 미국 학교 교사 출신의 강사가 미국 학교 커리큘럼에 맞춰 미국 교과서를 지도하는 것을 홍보하기도 한다. 이와 마찬가지로 한국의 EPIK, TaLK 프로그램의 교사 채용 자격에 따르면, 한국 정부는 특정 7개 국가 출신의 영어 사용자만을 영어 원어민으로 정의하고 있다. 너무 많은 국가를 후보로 선정할 경우 교사 채용 및 행정적인 절차의 어려움 때문에 범위를 한정한 것인지, 아니면 다른 이유가 있는지 그 자세한 내막을 알기는 어렵다. 하지만 특정 국가 출신의 강사가 수준 높은 영어 수업의 질을 보장하는 것은 아니며, 영어를 아무리 잘하는 사람이라도 7개국 출신이 아니면 영어 강사로 지원할 수 없다는 아쉬움이 있다. 또한, 한 학교에 원어민 교사가 한 명씩 배치되고, 각 반의 학생들이 일주일에 1시간씩 원어민 강사를 통해 영어를 배울 때 과연 어떤 수업 효과를 기대할 수 있을지에 대한 선행 연구 후 정책을 도입했다면 그 결과가 어땠을까 하는 아쉬움도 있다. 만약 앞으로 이 제도가 유지된다면, 학교에서 원어민 강사에게 구체적으로 어떤 역할을, 어떻게 부여할 것인지 역시 생각해 보아야 할 것이다.

영어 교육에 대한 10가지 환상

영어 원어민은 백인이다

세계 영어, 공용어로서의 영어, 그리고 비원어민에 관한 연구는 영어에 대한 고정관념에 대해 다시 한번 생각해 볼 기회를 제공한다. 또한, 하나의 언어라고 할지라도 얼마나 다양하고 풍부할 수 있는지를 보여준다. 하지만 언어를 사용하는 것은 바로 사람이다. 그리고 사람들은 언어 이외에 외모나 출신지 등으로 소속 그룹이 나누어지고 서로 간의 우열을 가리기도 한다.

대다수의 독자는 '중심원' 국가에서 표준 영어를 사용하는 화자가 누구냐는 질문을 받으면, 아마도 그들 중 많은 수가 백인을 떠올릴 것이다. 영어 원어민에 대한 질문을 받을 때도 마찬가지로 백인 이미지를 떠올릴 것이다. 이미 영어 원어민과 '백인성' 또는 '화이트니스 whiteness'의 개념은 서로 떼려야 뗄 수 없는 관계가 되어 버렸다. 이 장에서는 인종에 대한 개념, 인종과 언어 사이의 관련성, 그리고 인종차별주의와 반 인종차별주의 언어 교육에 대해 살펴보고자 한다.

"영어 교육은 인종차별적이다. (중략) 'Native speaker'
라는 표현은 결국 '백인'을 의미하는 암호이다. (중략) 일본에
서 '미국인'이라는 단어는 '백인'과 거의 동일한 의미로 사용된
다. 그러나 실제로 미국 사람 안에는 다양한 인종이 포함되어
있다. 일본의 많은 외국어 학교는 교묘하게 백인이 아닌 영어
교사의 고용 기회를 차단시켜 버린다." (22~23쪽)

이 글은 1976년에 출판된 더글라스 러미스Douglas Lummis의 책,
『이데올로기로서의 영어 회화English conversation ideology』에서 인용
한 것이다. 미국 출신인 더글라스 러미스는 1950년에 일본으로 건
너와 쓰다주쿠 대학에서 교원을 역임했다. 지금은 오키나와에서 평
화 운동에 참여하고 있다. 그의 주장에 따르면 '영어 원어민 = 미국
인 = 백인'이라는 등식이 성립한다. 안타깝게도 이 등식은 이 책이
출판된 지 40년이 지난 지금도 사람들에게 통용되고 있다.

인종은 생물학적 개념이 아니다

우리는 보통 '인종'이라고 하면 생물학적 차이를 먼저 떠올린다. 피부색과 눈 색, 머리색, 얼굴형, 체격 등이 인종에 따라 다르게 나타난다고 여긴다. 하지만 최근에 발표된 인간 게놈 연구에 따르면, 인간은 유전적으로 99.9%가 같기 때문에 사실상 생물학적 차이가 인종에 미치는 영향은 극히 미미하다. 결국, 인종에 대한 우리의 고정관념은 실질적인 유전적 차이에서 비롯된 것이 아니라 역사적, 사회적으로 구축된 생각에 불과하다. 그렇다면 인종이 역사적, 사회적으로 구축되었다는 것은 대체 무슨 의미일까?

우리는 "흑인은 단거리 달리기에 뛰어나다."라는 고정관념을 가지고 있다. 단거리 육상 경기에서 자메이카 출신 선수나 미국계 흑인 선수들이 메달을 휩쓸어 가는 것을 보면 "역시!"라고 생각한다. 흑인이 단거리 달리기를 잘하는 것이 정말 그들의 유전자적 특징 때문일까?

최근의 한 연구에서는 서아프리카 사람들이 생물학적으로 단거리 달리기에 적합한 골격과 근육을 가지고 있다고 밝혔다. 하지만 자메이카는 서아프리카 대륙에 속하지 않는다. 물론, 역사적으로 자메이카는 서아프리카에서 팔려 온 노예들이 정착한 나라인 점을 고려한다면 위의 연구 결과가 유의미하다고 느껴질 수도 있다. 그렇다면 자메이카 이외의 서아프리카 국가들은 어떨까? 예컨대 모리타니, 세

네갈, 감비아, 기니비사우, 기니, 시에라리온, 라이베리아, 코트디부아르, 가나 출신의 선수들은 어떨까? 세계 육상대회 단거리 부분에서 항상 위 국가의 선수들이 메달을 휩쓰는가? 꼭 그렇지만은 않다. 물론 그들의 유전자가 육상 경기 결과에 미세한 영향을 미쳤을 수도 있다. 하지만 뛰어난 훈련법과 선수들에게 필요한 경제적 지원이 그들의 경기 승패를 좌우했을 가능성이 훨씬 크다.

스포츠에 관련된 흥미로운 예를 하나 더 살펴보자. 미국은 19세기부터 20세기 중반까지 '인종차별racial segregation정책'을 폈다. 당시 흑인은 공공 해수욕장이나 수영장을 사용할 수 없었다. 그 때문인지 흑인에게는 '맥주병(수영을 못하는 사람)'이라는 낙인이 찍혔고, 21세기인 지금까지도 흑인 수영 선수를 찾기가 어렵다. 사회적, 역사적 트라우마가 초래한 결과다.

동양인에 대한 고정관념도 존재한다. 예를 들어, 많은 미국인은 동양인이 수학을 잘한다고 믿는다. 이것은 이미 세계적으로 통하는 믿음에 가깝다. 실제로 미국 대학 입학 시험인 SAT 결과를 살펴보면 동양계 학생들의 점수가 뛰어난 것을 확인할 수 있다. 그렇다면 이 결과는 동양인의 우월한 유전자 때문일까? 실제로는 수학을 잘 못하는 동양인이 수도 없이 많다. 이는 곧 동양인이 다른 인종에 비해 더 뛰어난 수학적 유전자를 가지고 있지 않다는 반증이다. 이런 고정관념들은 결국 사회적 현상의 결과다. 즉, 교육 제도와 학교 교과 과정, 사회적 기대 및 그 기대에 부응하고자 하는 학습 동기 등이 복합적으로 어우러져 초래된 결과이다.

　한 심리학 연구에 따르면, 자신이 속한 집단에 대한 긍정적인 인식은 그 사람의 수학 점수에도 긍정적 영향을 미친다고 한다. 다시 말해, 특정 인종이나 민족이 수학에 뛰어난 유전자를 갖고 태어나는 것이 아니라 그 인종이나 민족에게 부여된 긍정적인 이미지, 즉, 수학을 잘한다는 이미지가 거기에 부합하는 능력을 발휘하게 만든다는 것이다.

사회적으로 구축된 인종

　인종이라는 개념이 사회적으로 만들어진 결과물이라고 본다면, 그것이 어떤 과정을 통해 형성되었는지도 살펴볼 필요가 있다. 인종에 대한 우리의 지식은 어떻게 형성되었을까? 어떤 사물에 내포된 사회적 의미는 담화discourse, 즉 언어(문자, 음성, 시각적 도구 등)와 기호가 매개체가 되어 만들어진다. 오늘날 우리의 삶은 대중 매체를 비롯해 서적, 교과서, 인터넷 정보, 광고 등 다양한 종류의 매체로 둘러싸여 있다. 그리고 매체는 우리에게 특정 사물에 대해 획일화된 인식을 심어주기도 하고, 기존과 다른 새로운 인식을 심어주기도 한다.

　최근에 출간된 영어 교수법 관련 서적의 내용을 예로 들어보자. 19세기 중반 미국 캘리포니아주에서 성행한 골드러시gold rush에 관한 내용이다. 금을 찾아 미국 대륙을 누비던 포티나이너스Forty-niners

들은 어떤 위협을 무릅쓰더라도 "적의로 가득 찬 원주민의 영토 hostile Native American lands"를 횡단했다고 표현했다. 백인의 관점에서 쓰인 만큼 원주민을 자연스럽게 위험한 집단으로 묘사한다. 이처럼 특정 집단의 관점에서 기록된 정보는 독자에게 특정 인종과 민족에 대해 고정된 인상을 심어 줄 수 있다.

그 책의 저자에게 이와 같은 원주민에 대한 묘사의 부적절함을 지적하자, 저자는 개정판에서 그 내용을 삭제해 버렸다. 물론 부적절한 표현을 그대로 방치하지 않으려는 좋은 의도였을 것이다. 하지만 한편으로는 실존하는 차별 문제에 대해 학생들과 생각하고 토론할 기회도 같이 사라져 버려 아쉽다.

'영어 원어민은 백인'이라는 환상은 우리의 일상 속 담론을 통해 여전히 재생산되고 있다. 하지만 최근 영어 교육 분야에서는 이에 대한 비판 의식이 나날이 높아지고 있다. 이런 노력의 결실일까? 물론 아직도 영어 학원 광고에 등장하는 모델은 백인이 압도적으로 많지만, 다행히도 요즘 교재에서는 단순하고 편향적 내용들이 많이 사라진 것 같다.

나는 '인종'이라는 단어와 함께 '민족'이라는 단어도 사용했다. '민족'과 '인종', 그리고 '문화'와 '인종'은 서로 어떻게 연계되어 있을까?

인종, 민족 그리고 문화

'인종'이라는 단어를 들었을 때 보통은 그와 관련된 신체적 특징을 떠올린다. 하지만 '민족'이라는 단어를 들으면 특정 집단의 특유한 문화를 떠올리게 된다. 사회학과 문화인류학에서는 종교, 언어, 풍습, 생활 습관 등의 사회 문화적 특색을 공유한 집단을 '민족'이라고 일컫는다. 하지만 오늘날 많은 사람은 '민족'과 '인종'을 혼동하여 사용한다.

'인종'이라는 단어 대신 '문화'라는 단어를 사용할 때도 있다. 이는 문화 차이를 말하면서 '사회적으로 구축된' 인종의 차이를 함축적으로 말하는 것이다. '인종'이라는 단어에서는 '인종차별'이라는 부정적 의미가 쉽게 연상된다. 그 때문에 보다 중립적인 단어인 '문화'를 사용하는 것이다. 예를 들어, 누군가 동양인이 수학을 잘하는 이유를 그들의 근면한 문화 때문이라고 설명했다고 하자. 이런 설명은 결과적으로 인류의 문화를 '근면한 문화'와 '근면하지 않은 문화'로 이분화하는 동시에, 인종을 '우월한' 인종과 '열등한' 인종으로 나누는 것과 같다.

'영어 원어민 = 백인'이라는 고정관념은 우리 영어 교육 속에 뿌리 깊이 박혀있다. 물론 이 등식이 일본에서만 통용되는 것은 아니다. 최근 내가 캐나다에서 한 경험을 예로 들어보자.

캐나다 대학과 일본 대학이 공동으로 영어 교수법에 관한 수업을 한 적이 있다. 이 수업에서 학생들은 여섯 명씩 조를 나누어 영어 수업 계획안을 작성했고, 계획안대로 모의 수업을 진행했다. 그중 한 그룹은 '건강한 식생활'이라는 주제로 수업 계획안을 작성하고 파워포인트를 만들어 제출했다. 그때 한 슬라이드에는 다음과 같은 활동 내용이 적혀 있었다.

"사라(16세)라는 캐나다 친구가 일본에 놀러 왔습니다. 사라에게 일본의 건강식을 소개하고 그것이 왜 몸에 좋은지에 대해 설명하십시오."

그리고 그 슬라이드에는 〈그림 2〉와 같은 '사라'의 모습이 첨부되어 있었는데, 그녀는 금발에 파란 눈을 가진 백인이었다.

<그림 2> 파란 눈의 사라

　이 슬라이드를 작성한 여섯 명의 학생들은 어떤 학생들이었을까? 이 그룹은 한 명의 일본인을 제외하면 모두 캐나다 사람이었다. 인도네시아와 필리핀계 캐나다 학생이 한 명씩 있었고, 엘사바도르계 캐나다 학생이 두 명, 그리고 일본계 캐나다 학생이 두 명 있었다. 아이러니하게도 당시 이 그룹에는 사라와 같은 특징을 가진 학생이 단 한 명도 없었다.

　혹자는 "캐나다 인구의 75%가 백인이므로 '사라'는 캐나다의 다수를 대표한 것이다. 그러니 특별히 문제가 될 것은 없다."라고 할지도 모르겠다. 하지만 인종 문제에 더 예민한 비백인 학생들이 대표 이미지로 백인을 선택한 데에는 '영어 원어민은 백인'이라는 이데올로기가 크게 작용했기 때문이 아니었을까?

교과서 속 이데올로기, '영어 원어민 = 백인'

'영어 원어민 = 백인'이라는 고정관념은 우리의 일상 속 담론을 통해 형성되고 고착화된다. 우리가 일상에서 쉽게 접할 수 있는 시각적 정보 또한 예외는 아니다. 일례로 중학교 영어 교과서를 살펴보자. 요즘 일본에서 출판되는 검정 교과서에는 백인이 아닌, 피부색이 짙은 인물도 등장한다. 그러나 현행 교과서 이전에는 ALT(영어 보조 교사)가 모두 백인 여성으로 묘사되었다. 물론 ALT가 모두 여성인 것도 참 흥미로운 일이다. 일본 영어 교과서에 백인이 아닌 인물이 처음으로 등장한 것은 2016년의 일이다. 『Sunshine』이라는 영어 교과서에 나오는 캐나다 출신의 여교사, '케이트 우드'가 바로 그 인물이다. 이전에 중학교 3년 동안 백인 여성 그림만 보면서 영어 공부를 했다고 생각해 보자. '원어민 영어 교사 = 백인'이라는 등식이 당연히 무의식적으로 자리 잡게 되지 않을까?

언어와 인종 사이에는 또 다른 가치 판단이 부수적으로 추가되는 사례도 있다. '영어 원어민 = 백인 = 월등함', 반대로 '영어 비원어민 = 유색 인종 = 열등함'이 대표적인 사례다. 이런 가치 판단이 고용 차별 문제를 야기할 수도 있다. 앞서 '환상 2'에서 비원어민 영어 교사의 지위와 그들의 지위 향상을 촉구하는 운동에 대해 살펴보았다. 비원어민 영어 교사의 인종과 국적은 다양하다. 한국인, 일본인 같은 동양인도 있고, 백인계 유럽인도 있다. 그러나 백인계 유럽인 영어 교사는 겉모습 때문에 동양인 영어 교사보다 더 영어 원어민으로 대우를 받는 경우가 종종 발생한다. 앞에서 언급했던 더글라스 러미스는 50년 전 처음 일본에 왔을 때 친구에게 다음과 같은 말을 들었다고 회고했다. "이탈리아 사람, 독일 사람, 프랑스 사람이 자신들도 고등학교에서 배운 영어로 일본에서 영어를 가르치고 있다." 당시 일본에서는 교사의 모어와 상관없이 '백인성whiteness'을 '원어민성nativeness'으로, '비백인성non-whiteness'을 '비원어민성non-nativeness'으로 동일시했다는 것을 알 수 있다.

디즈니 영화 속 캐릭터 언어와 인종에 대한 편견

　디즈니 만화 영화를 생각해 보자. 디즈니 영화에서는 각 인종이 사용하는 언어를 어떻게 표현하고, 그 캐릭터들을 어떻게 묘사하고 있을까? 응용언어학자인 로시나 리피 그린Rosina Lippi-Green은 1997년까지 개봉된 디즈니 만화 24편을 선별하여 만화에 등장하는 캐릭터의 성격, 억양, 인종, 성별 등을 조사했고, 인종과 억양에 대해 흥미로운 결과를 발표했다. 조사 결과 억양 없이 미국 표준 영어를 쓰는 캐릭터는 대부분(80%) 착한 역할 또는 영웅 역할을 맡았지만, 억양이 있는 영어를 구사하는 캐릭터는 41%가 악당 역할을 맡았다. 만화 속에서 은연중에 억양이 있는 영어를 쓰는 사람은 속이 엉큼하고 신뢰할 수 없다는 메시지를 전달하고 있다.

그뿐만 아니라 흑인 영어를 하는 캐릭터들의 역할은 모두 인간이 아닌 동물이었다. 물론 〈라이온 킹〉에 등장하는 캐릭터 수가 압도적으로 많았던 것도 그 원인이 될 수 있지만, 흥미롭게도 〈라이온 킹〉의 주인공 사자인 '심바'는 미국 표준 영어를 사용했다. 1998년에 개봉된 영화 〈뮬란〉에 등장하는 동물인 빨간 용, '무슈' 역시 흑인 배우인 '에디 머피'가 더빙을 했다. 그러나 뮬란 이후 개봉한 〈릴로 & 스티지〉(2002), 〈공주와 개구리〉(2009)부터는 흑인 영어를 사용하는 캐릭터들도 착한 역할로 등장하기 시작했다.

디즈니 영화는 세계적으로 큰 인기를 얻고 있다. 인종과 언어에 대한 비판적 사고를 가지고 영화를 보는 관객은 아마 많지 않을 것이다. 하지만 디즈니 만화 영화의 관객이 주로 어린 학생들이라는 것을 고려하면, 만화 영화의 이러한 역할 분배는 학생들에게 알게 모르게 언어와 인종에 대한 고정관념을 심어줄 우려가 있다.

일본에서는 디즈니 만화 영화와 DVD를 일본어로 더빙한 후에 상영하거나 발매하는데, 이때 영화 속 캐릭터 성격이 어떻게 음성적으로 표현되는지도 충분히 연구해 볼 만한 흥미로운 주제다. 킨스이 사토시金水敏는 만화에 등장하는 중국인들의 '아루요アルヨ 말'에 대해서 연구하고 있다. 앞으로는 일본에서도 인종과 일본어에 대한 연구가 비판적 시각으로 더 이루어져야 할 것이다.

역언어逆言語 고정관념

앞서 말한 디즈니 만화 연구는 음성을 들은 후 연상되는 특정 캐릭터와 성격을 조사한 것이다. 한편 도날드 루빈Donald L. Rubin과 오킴 강Okim Kang은 이와 반대되는 '역언어 고정관념reversing linguistic stereotyping'이라는 현상을 연구하고 있다. '언어 고정관념linguistic stereotyping'의 연구가 디즈니 영화처럼 흑인 영어의 특징적 음성을 들은 후 흑인에 관한 이미지를 떠올리는 현상에 주목한다면, '역언어 고정관념reversing linguistic stereotyping' 연구에서는 화자에 관한 시각적 정보를 먼저 보여 주고, 그 시각적 정보가 음성을 판단하는 데 어떤 영향을 미치는지에 주목한다. 예를 들어, 사람들은 동일한 영어 화자가 녹음한 음성 파일을 들려주더라도 화자의 사진으로 동양인 사진을 보여 줄 때와 백인의 사진을 보여 줄 때 다르게 판단한다는 것이다. 많은 사람이 백인의 사진을 보여 주었을 때보다 동양인의 사진을 보여 주었을 때, 외국인 억양이 더 강하고 영어 실력도 떨어진다고 인식했다. 이는, '원어민 = 백인'이라는 고정관념이 화자에 대한 청자의 판단에도 영향을 미칠 뿐만 아니라, 아무리 영어 원어민이라고 해도 백인이 아니면 영어 실력이 부정적으로 판단될수 있음을 의미한다.

이는 심각한 문제다. 아무리 영어를 유창하게 하더라도 이런 고정관념이 사라지지 않는 한, 동양인은 백인보다 영어 실력이 부족하다고 인식될 수밖에 없다. 일본에 사는 사람들과 그 자녀들이 비싼 수업료를 내고 필사적으로 영어를 공부해서 '정확한 영어'를 구사할 수 있게 되더라도 동양인에 대한 고정관념이 존재하는 한, 백인 사회에서 인정받기 힘들 수 있다. 결국, 우리가 '원어민 = 백인'이라는 개념을 계속해서 신봉하면 할수록 자신을 자학에 빠뜨리게 할 수도 있다는 것이다.

그렇다면 이런 편견을 어떻게 깨뜨릴 수 있을까? "인간을 겉만 보고 차별해서는 안 된다.", "인종 평등 의식을 가져야 한다." 등의 의식을 높이는 것도 물론 중요하겠지만, 인종차별은 그리 간단히 사라질 수 있는 것이 아니다.

인종차별

인종차별 또는 '레이시즘racism'이라고 하면 일본 헤이트 그룹 Hate Group 집회에서 들려오는 혐오적인 발언들이나 그와 비슷한 형태의 다양한 차별적 언행들을 떠올릴 수 있다. 하지만 인종차별에는 공개적이고 가시적인 측면 외의 것들도 존재한다.

(1) 일상생활 속 차별

'인종차별'이라는 단어를 듣고 가장 먼저 떠오르는 차별이 아마 이런 종류의 차별일 것이다. 물론 정도의 차이는 있다. 데럴드 윙 슈

Derald Wing Sue라는 심리학자는 '마이크로어그레션Microaggression'이라는 개념을 처음으로 주장했다. 이는 일상에서 무심히 던지는 말과 행동이지만 상대방에게 경멸과 멸시, 모욕감과 같은 상처를 주는 행동을 의미한다.

예를 들어 보자. 캐나다의 ESL 프로그램을 관찰한 응용언어학자 이나 리Ena Lee의 연구에는 캐나다에서 태어난 영어 원어민인 일본계 캐나다 여성 영어 교사가 등장한다. 그녀는 이 프로그램에 소속된 단 두 명의 동양인 교사 중 한 명이었다. 그녀는 백인 동료들로부터 "어느 나라에서 왔어요?Where are you from?"라는 질문을 끊임없이 받았고, ESL 프로그램 광고용 사진을 찍을 때면 다른 교사들이 아닌 학생들과 함께 사진을 찍는 등의 굴욕을 겪기도 했다.

나뿐만 아니라 많은 이가 유색 인종이라는 이유만으로 영어 중심 원 국가에서 이와 비슷한 일을 경험한 적이 있을 것이다. 차별을 당하는 입장이 되어 보면 자연히 차별의 괴로움을 잘 이해하게 된다. 일본에서 영어를 배우는 동안 '원어민 = 백인'이라는 환상에 현혹되어 무의식적으로 비非백인에 대한 차별 의식이 생기지는 않았는지 생각해 볼 필요가 있다. 그 비非백인이 바로 자기 자신일 수도 있다.

(2) 조직 속 차별

두 번째 인종차별은 사회 구조 속에서 생성되어 이미 굳어져 버린 차별이다. 예를 들어 자신이 속한 조직의 구성원들을 떠올려 보

자. 난 캐나다 밴쿠버에 있는 대학 교수이다. 밴쿠버는 동양인들이 많이 사는 다민족 도시다. 무려 거주 인구의 약 50%가 유색 인종이고 대학교 학생들도 반 이상이 유색인종이다. 하지만 교수진은 대다수가 백인이다. 앞에서 말한 일본계 캐나다 교사가 일하는 ESL 프로그램에서도 대부분의 영어 교사가 백인이었다. 뿐만 아니라, '세계화'를 강조하는 미국 응용언어학 학회에서도 기조연설 강사와 학술상 수여자들은 대부분 백인이다. 인종 편향적 구성은 비단 교육 분야에만 국한된 것이 아니다. 복지, 의료, 정치, 미디어, 스포츠, 예능 등 다양한 분야에서 찾아볼 수 있다. 조직 내에서 누가 공적을 인정받아 명예를 얻을 것인지 정하는 것도 결국 인종차별적일 수 있다. 이미 '원어민 = 백인'이라는 이데올로기는 우리가 속한 다양한 조직 속에 뿌리 깊게 자리 잡고 있기 때문이다.

캐나다의 한 연구에서는 인종에 대한 편견이 조직 안에서 어떻게 나타나는지를 조사했다. 이 연구에서 주목한 것은 개인의 이름이었다. 구직자의 성명이 취업에 어떤 영향을 미치는지, 가상의 이력서를 작성해 실험했다. 그 결과, 앵글로 색슨계 이름(예: Emily Brown)이 적힌 이력서가 비‖앵글로 색슨계 이름(예: Fang Wang)이 적힌 이력서보다 면접 심사에 통과할 확률이 높은 것으로 나타났고, 이 차이는 통계상 유의미했다. 비‖앵글로 색슨계의 성과 앵글로 색슨계의 이름(예: Michelle Wang)이 같이 쓰인 경우에도 그 결과는 동일했다. 이 연구에서는 면접 심사 이외에 고용주와의 인터뷰도 실시했다.

고용주들은 비¹앵글로 색슨계 이름의 구직자 고용을 꺼리는 이유가 그들의 영어 실력에 대한 확신이 없기 때문이라고 답했다. 호주와 미국에서 이루어진 비슷한 연구에서도 동일한 결과가 나왔다.

인종차별은 언어 차별과 고용 차별로 이어지며 사회 조직 내에서 지금도 이어지고 있다. 이 때문에 일본인이 열심히 영어를 배워 중심원 국가에 취직을 하더라도 이런 은밀하고 미묘한 차별 대우를 받을 가능성은 여전히 크다. 물론 일본도 예외는 아니다. 일본 내에서도 소수 민족의 이름 때문에 차별을 겪는 경우가 적지 않다. 일제 강점기 때 강요된 창씨개명 정책도 이 같은 차별 중 하나이다.

물론 인종차별을 철폐하기 위한 움직임도 있다. 할리우드 아카데미 시상식을 살펴보자. 2015년 작품상 후보작과 수상 후보 배우들이 대부분 백인 중심이었다는 것에 반발한 팬들과 관계자들은 '#OscarsSoWhite(너무 하얀 오스카)'라는 트위터의 해시태그를 이용해 항의 운동을 벌였다. 그 결과 이듬해 시상식에서는 유색 인종 배우들의 이름도 수상 후보 명단에 올랐다.

조직 속 인종차별과 다음에 논의할 지식 속 인종차별은 듀크 대학의 사회학 교수, 에드워드 보니라 실바Eduardo Bonilla-Silva의 책『인종차별주의자가 없는 인종차별Racism without racist』에 너무나 잘 표현되어 있다. 이런 종류의 차별은 강력한 문제 인식 없이는 보통 알아차리기 어려운 차별로, 이미 우리 사회 깊숙이 뿌리 내린 것들이다.

(3) 지식 정보 속 차별

앞에서 언급했듯이 우리의 지식과 세계관은 담화discourse를 통해 형성되었다. 앞에서 예로 든 골드러시의 포티나이너에 대한 글에 따르면, 원주민은 '난폭하고 적의에 가득 찬' 존재로 인식되기 쉽다. 반대로 위험을 무릅쓰고 대륙을 횡단한 백인은 '용감한' 인물로 인식된다. 백인에 의해 작성된 이 같은 인종차별적 내용은 각 인종을 서열화하고 우리가 이를 당연하게 여기도록 하는 힘을 가지고 있다.

한 가지 예를 더 살펴보자. 내가 초등학생이었을 때 학교 음악실 벽에는 바흐, 하이든, 모차르트, 베토벤 등과 같은 서양 작곡가들의 초상화가 줄지어 걸려 있었다. 이 위대한 작곡가들은 모두 백인 남성이다. 음악이 유럽에만 존재한 것도 아니고 남성만이 음악을 만들어 온 것도 아니지만, 학교에서 배운 음악을 떠올릴 때면 나는 항상 이런 서양의 클래식 음악이 가장 먼저 떠오른다.

일본의 영어 교육의 경우는 어떨까? 2차 세계 대전 이후에 출판된 중학교 영어 교과서, 『Jack and Betty』를 보자. 교과서 개정이 거듭되면서 등장인물의 묘사가 조금씩 바뀌기는 했지만, 기본적으로 백인 문화를 설명하기 위해 미국 중산층 가족의 생활을 보여 주고 미국 공휴일과 역사에 관한 내용을 다룬다. 영어 교육사를 연구하는 에리카와 하루오江利川春雄는 자신의 책 『일본인은 영어를 어떻게 배우는가: 영어 교육 사회 문화사日本人は英語をどう学んできたか — 英語教育の社会文化史』에서 이렇게 말했다.

"『Jack and Betty』는 미국을 너무 미화했다는 비판을 받을 만큼 당시 아이들에게 미국을 '풍족한 삶과 자유가 보장되는' 곳으로 상상하게 하고, 동경하게 만들었다." (136쪽)

근래에는 미국 백인 사회를 미화한 교과서가 점점 사라지고 있다. 1980년대 후반부터는 오히려 세계화와 일본의 국가주의가 통합된 내용이 늘어나는 추세다. 그러나 영어 회화 학원이나 유학, 홈스테이 등의 광고에 등장하는 미국인은 여전히 백인이며, 미국 사회를 좌지우지하는 부류 또한 백인이다. 물론 백인이 사회 경제적으로 보다 많은 권력을 쥐고 있는 것은 사실이다. 앞서 말했듯이 여러 담론이 매개체가 되어 그런 권력 구조가 형성되었고 이미 굳어졌기 때문이다. 하지만 그렇다고 해서 '미국 = 백인' 또는 '영어 = 백인'이라는 등식이 적절하다고 말할 수는 없다.

대학과 대학원에서 다루고 있는 학술적 이론에 대해서도 생각해 보자. 어느 나라, 어떤 문화와 인종에 대한 학문이 학계의 주류를 이루고 있는가? 리포트나 논문을 써야 할 때면 자신의 논의를 뒷받침하기 위해 다른 연구를 인용하거나 특정 이론을 근거로 주장을 펴나갈 때가 있다. 그때 여러분은 어떤 이론과 연구자를 선택하는가? 서양의 저명한 학자와 이론가의 연구를 선택하는가 아니면 포스트식민주의 이론이나 서양 연구자들만큼 중요한 연구 실적을 가진 비서구 국가 출신 학자의 연구를 인용하는가? 잘 생각해 보면 우리는 학술적 연구를 할 때에도 무의식적으로 인종차별을 하고 있는지도 모른다.

비판적 반反인종주의 교육을 위해

영어가 아무리 유창하더라도 백인 중심주의 사회에서는 동양인도 차별 대상이 될 수 있다. 특히 여기에 젠더gender까지 추가되면 동양 여성은 더욱더 주류에서 멀어질 가능성이 크다. 일본에서도 무자비하게 인권을 짓밟는 레이시즘racism, 섹시즘sexism, 링기시즘linguicism, 언어 차별이 만연하고 있다. 차별은 어디라도 있으니까 '어쩔 수 없다' 또는 '당연하다'라고 생각하는 사람도 있을 수 있다. 그러나 그것은 자신도 그러한 사회 구조 안에서 차별을 당해도 어쩔 수 없다고 말하는 것과 같다. 또어떤 사람은 자신이 차별의 대상이 될 수도 있다는 것을 상상조차 하지못한다. 어느 쪽이든 이런 생각은 차별의 악순환을 멈출 방법이 되지 못한다.

'원어민 = 백인'이라는 등식을 뒤집어 보면 '비원어민 = 비백인'이된다. 우리 자신도 차별 대상에 포함된다는 것을 의미한다. 만약 영어의 다양성과 영어 화자의 다양성을 인식한다면 이런 고정관념에서 벗어나 기존의 권력 관계에 대항할 수 있는 생각의 힘이 생길 것이다.

그뿐만 아니라 영어 교육과 영어 학습에 존재하는 인종차별주의는 개인 간의 차별 문제를 넘어 다른 여러 문제와도 긴밀히 연결되어 있다는 인식이 필요하다. 그 복잡성을 고려할 때 인종이라는 범주는 언어뿐만 아니라 젠더와도 연계되어 차별 구조를 형성하고 있다는 점을 받아들일 필요가 있다.

여기서 우리가 잊지 말아야 할 또 하나의 요소가 있는데, 바로 사회 경제적 요인이다. 최근 해외에서는 사회 정의 실현을 강조하는 교육학 연구가 각광받고 있다. 그중 많은 연구가 인종차별 문제에 주목하고 있다. 또 한편에서는 마르크스주의에 근거해 사회 불평등의 근원을 경제적 불평등에서 찾고자 하는 연구들도 진행되고 있다.

예를 들어 비백인은 백인에 비해 여러 가지 면에서 불리한 점이 많다. 하지만 모든 비백인이 백인보다 사회 경제적으로 낮은 지위에 있는 것도 아니다. 미국에서는 동양계 학생들의 대학 입학률이 상당히 높고 동양계 사람들의 평균 소득 또한 백인과 비교해 높은 편에 속한다. 신자유주의적 산업 구조 때문에 오히려 백인 노동자 계급이 노동 시장 변화의 희생양이 되어 버리기도 했다. 이 문제는 2016년 미국 대통령 선거에서도 '러스트 벨트Rust Belt, 미국 철강 산업의 중심지대'라는 말과 함께 주목받기도 했다.

결국 인종 문제는 사회 경제적 지위 및 젠더, 언어, 국적, 성 정체성, 장애의 유무 같은 다른 요소와 복합적으로 교차하여 얽혀 있다. 그뿐만 아니라 사회적 상황에 따라서 개인과 집단의 지위는 충분히 달라질 수 있다. 내가 북미에서 일본어 수업을 가르쳤을 때 학생들에게 받았던 평가와 일본어 이외의 수업을 가르쳤을 때 받았던 평가가 달랐던 것처럼 말이다. 불평등 문제는 상당히 복잡하다.

　영어와 외국어를 학교와 대학에서 학습하는 궁극적 목적은 자신이 속하지 않은 집단의 문화와 전통, 세계관을 배우고 의사소통을 통해 자신을 되돌아봄으로써 자신의 세계관을 넓히는 것이다. 그러기 위해서는 언어, 인종, 민족, 젠더, 그 외의 다양성을 인정하고 존중하는 것이 기본이 되어야 한다. 이는 근본적으로 평화와 평등을 지향하는 세계관과 인간을 차별해서는 안 된다는 태도와 일맥상통한다. 평등한 사회를 만들어 가기 위해서라도 앞으로 영어 교육이 어떻게 발전해 나가야 할지에 대해 생각해 볼 필요가 있다.

한국인 영쌤의 영어 선생님 & 첫 실전 영어 인 아메리카

3장에서는 '영어 원어민은 백인'이라는 경험과 고정관념을 가지고 있던 내가 해외에서 다양한 영어 화자를 만나면서 겪은 일화를 공유해 보려고 한다.

나는 한국에서 영어를 배우고, 성인이 되어 미국 대학원으로 유학을 갔다. 국내에서 초·중·고등학교 과정 12년, 대학교·대학원 과정 약 7년을 교육받았으니 거의 20년간 한국에서 정규 교육을 받은 셈이다. 그동안 영어 교육 전공자로서 학원 선생님, 학교 선생님, 대학 교수님, 동료 교사, 대학원 동료 등 참 많은 분야에서 활동하고 있는 영어 강사들을 만나 왔다. 내가 만났던 영어 선생님을 굳이 나눈다면, '한국인', '검은 머리 외국인', '백인 원어민 강사' 정도로 나눌 수 있다.

'한국인 교사'는 보통 대학에서 영어 교육을 전공하거나 나름의 방법으로 영어를 배운 뒤 학생들을 가르치는 분들로, 이제껏 만났던 영어 강사 중 가장 높은 비율을 차지한다. '검은 머리 외국인'은 내가 지인들과 있을 때 우스갯소리로 특정 대상을 지칭할 때 사용하던 용어인데, 외모는 한국인이지만 국적이 외국이거나, 해외에서 거주 경험이 있는 강사들 혹은 한국말을 할 줄은 알지만 상대적으로 영어가 아주 유창한 사람을 '검은 머리 외국인'이라고 부르곤 했다. 그 외에 만난 강사는 미국 혹은 캐나다 출신의 백인 강사였다. 이제껏 만난 '검은 머리 외국인'과 '백인 강사'의 비율은 거의 비슷하다.

난 어릴 적 해외여행 경험이 없다. 성인이 될 때까지 직접 만난 외국인은 학원이나 학교에서 만난 영어 강사가 전부였고, 그때 만난 영어 강사는 모두 백인이었다. 그들의 영어 발음이 영어 듣기평가에 나오는 발음과 비슷했던 기억이 있다. 물론 개인적으로 영화를 볼 때면, 백인이 아닌 사람들도 등장하고 억양이 생소한 영어 발음을 듣게 되는 경우가 있었지만, 그들은 대부분 주인공이 아니었고 내 귀에는 그들의 발음이 잘 들리지 않아서 흘려들었다. 결정적으로 그 사람들은 내게 그저 먼 나라에 사는 사람으로 평생 그들과 만나지 않을 것 같은 느낌이었다.

내 자문화기술지autoethnography 논문(2016)에 밝힌 일화가 있다. 2006년, 대학을 갓 졸업한 나는 미국의 코네티컷주의 YMCA 캠프에서 지도를 하기 위해 난생 처음 미국에 갔다. 미국 케네디 공항에 처음 도착했을 때 받았던 충격을 아직도 기억한다. 우선, 공항에 백인이 아닌 사람이 너무 많았다. 처음 경험하는 낯선 인종과 사람들의 말투에 겁이 났다. 영화에서 본 악당들처럼, 그들이 날 공격할 것만 같은 느낌이 들었다. 두리번거리며 길을 찾다가 결국 공항에 있는 경찰에게 길을 물었는데, 흑인 경찰이 한 대답을 한마디도 알아듣지 못했다. '혹시 영어가 아닌가? 아니면 영어를 잘 못 하는 외국인인가?'라는 생각도 잠시 했지만, 그럴 리가 없었다. 내가 잘 알아듣지 못하고 겁을 내자 다행히 흑인 경찰은 친절하게 내가 가야 할 길을 직접 안내해 주었다.

YMCA 캠프장에 도착해서도 난감한 일은 계속되었다. 한국에서 수업 시간에 듣던 발음이 아닌 헝가리, 콜롬비아, 브라질 등에서 온 캠프 지도자의 영어 발음이 이상하게 들렸고, 왠지 모르게 거부감마저 들었다. 물론 그들도 역시 내가 말하는 영어를 잘 못 알아들었다. 하지만 처음 10주 정도를 캠프장에서 동고동락하며 혼란 속에 보내고 나니, 캠프를 마칠 때쯤엔 서로의 영어 발음에 익숙해져서 그들의 말을 잘 알아들을 수 있었고, 하고 싶은 말도 어느 정도 할 수 있게 되었다.

실제로 전 세계에 영어를 사용하는 사람들의 인종, 문화, 언어적 배경은 매우 다양하다. 그러나 한국에서 영어 학습자로서 영어를 배울 때면 영미 문화, 미국식 영어 발음, 백인 강사 등 너무 제한된 영어와 문화에 노출되기 때문에 이렇듯 다양한 영어 사용자와의 의사소통에서 어려움을 겪게 되는 것이다. 지극히 개인적인 경험이기 때문에 한국의 모든 영어 학습자에게 내 경험을 일반화하여 적용하기는 어렵다. 하지만 비영어권 국가에서 영어를 배울 때 '전 세계에 영어 사용자가 누구인가?' 또는 '그들과 어떻게 의사소통을 해야 할 것인가?'에 대한 생각을 해 보는 계기가 되길 바라는 마음으로 나의 경험을 공유해 보았다.

영어 교육에 대한 10가지 환상

영어 학습은 서구 사회와 문화를 배우기 위함이다

앞 장에서 우리는 영어를 '중심원 국가, 특히 미국과 영국의 백인 원어민이 구사하는 표준어'와 동일시하는 고정관념에 의문을 제기했다. 앞서 논의한 '지식 정보 속 차별'에서 살펴보았듯이, 이 같은 사고방식은 언어 학습뿐만 아니라 목표 언어의 문화와 사회를 이해하는 데에도 영향을 미친다. 서구 중심주의의 영어 학습이 당연시될 우려가 있다. '영어를 배우는 것은 서구 사회와 문화를 배우는 것'이라는 인식은 사실상 언어 이데올로기(백인 = 영어 원어민)와 인식적 인종차별(백인 우월주의)이 결합된 결과로 볼 수 있다.

이 장에서는 세계 공용어로 인식되는 영어가 사실상 세계인과의 의사소통을 위한 수단이 아닌 중심원 국가, 특히 미국과의 관계 증진을 위한 것임을 지적하고자 한다. 또한 국가주의 중심의 영어 교육에 대해서도 살펴볼 것이다.

영어와 서구 중심주의 사상과의 연관성을 살펴보기 전에 영어 어학 연수지에 대해 먼저 생각해 보자. '환상 1'에서 언급했듯이 국제 공용어로서 전 세계로 확산 중인 영어는 중심원 국가가 아닌 곳에서도 많이 사용되고 있다. 그러나 국내의 유학원 웹사이트에서 인기 있는 영어 어학 연수지는 중심원 국가들이다.

여기 2016년에 일본 해외 유학 협의회Japan Association of Overseas Studies: 이하 JAOS에서 발표한 '26개 유학 사업자에 의한 일본인 유학 현황 조사'의 결과가 있다. 같은 해에 일본 문부과학성文部科學省이 발표한 '일본인 해외 유학자 수' 통계 결과는 해외 고등교육기관에 유학을 간 사람들에 대한 자료인 반면, JAOS의 자료는 유학원을 통해 어학연수를 간 일본인의 수를 조사한 것이다.

JAOS의 통계 자료에 따르면 영어 어학연수는 미국, 호주, 캐나다, 영국, 뉴질랜드 순으로 인기가 많았고, 전체 어학 연수자 중 약 80%가 위의 나라들로 어학연수를 갔다. 영어 어학 연수지로 가장 인기 있는 곳은 단연 미국으로, 전체의 1/4이 조금 넘는 25.5%를 차지했다. 여기서 흥미로운 점은 새로운 영어 어학 연수지로 주목받고 있는 필리핀의 인기가 6.7%를 기록하며 뉴질랜드와 비슷해졌다는 것이다.

이외에도 프랑스, 한국, 중국, 대만 등이 인기가 많은 어학 연수지로 꼽혔으나, 이는 영어가 아닌 그 나라의 언어를 배우기 위한 유학일 가능성이 크다. 그런데 통계 자료에 따르면 아시아의 이웃 나라로 어학연수를 간 유학자 수를 모두 합쳐도 3%에 지나지 않는다. 이를 통해 일본인의 어학연수가 영어 어학연수에 집중되어 있고, 연수지 또한 북미나 오세아니아주, 유럽 등의 중심원 국가에 편중되어 있어 서구 사회 및 문화와 연결되어 있음을 알 수 있다.

　일본의 영어 교육이 북미 중심주의가 된 배경에는 전후(제2차 세계대전) 일본의 대미 추종 자세와 미일 동맹이 있다. 본 장에서 다룰 "영어 학습은 서구 사회, 특히 미국 사회와 문화를 배우는 것이다."라는 명제는 이미 하나의 이데올로기로서 우리의 세계관 형성에 큰 영향을 미치고 있을 뿐 아니라, 외교적·정치적으로도 이용되고 있다.

평화와 민주주의를 상징하는 국가어, 영어 – 전쟁 직후의 상황

　영어 교육과 미국 사이에는 실제로 밀접한 관계가 있다. '환상 3'에서 소개한 중학교 영어 교과서 『Jack and Betty』는 전후 일본에서 출판되었다. 일본 군정기에 출판된 이 교과서는 미국 중산층 가족과 미국 문화 및 역사를 중점적으로 다루었다. 당시 출판된 일본의 모든 교과서는 연합군 총사령부 소속 민간 정보 교육국(Civil Information and Education Section: 이하 CIE)의 감수를 받아야 했다. 따라서 일본 문부성이 통과시킨 교과서 또한 CIE에서 재검열 받은 후에야 최종 합격 여부가 결정되었다.

키히라 켄이치紀不健는 「전후 영어 교육에서 『Jack and Betty』의 위치」(1988)라는 논문에서 전후 일본의 영어 교육에 대해 설명했다. 키히라 켄이치에 따르면 패전 직후에 작성된 '제1차 미국 교육시설단' 보고서에는 국제 평화와 민주주의 이념이 강하게 표출되어 있었다고 한다. 1950년 한국전쟁 발발 후, 일본은 연합군에 의해 아시아 '반공'의 방벽防壁 역할을 맡게 되었는데, 그때에도 평화와 민주주의 이념은 변함없이 강조되었다. 한국전쟁 후, 부와 힘을 얻게 된 일본의 재계財界 인사들이 교육 행정에 큰 영향력을 발휘하기 시작했는데, 이에 대해서는 '환상 7'에서 자세히 알아보겠다.

1951년에 개정된 일본의 학습 지도 요령 역시 기본적으로 1947년 것을 답습하고 있다. 중·고등학교 외국어 과목을 위한 학습 지도 요령의 시안에는 중등 교육의 목표가 '세계 평화를 위한 교육'으로 명시되어 있다. 여기서부터는 내 개인적인 소견이다. 학습 지도 요령 시안에서 영어의 위상이 어떻게 설명되고 있는지 알아보자.

영어는 (개인의) 사회적 능력의 발달에 큰 영향을 미친다. 이는 영어 사용 국가의 국민들이 가정 및 사회에서 가치 있게 여기는 요소를 이해하고, 영어 사용 국가에서 상당히 발달된 세계의 민주적 전통을 이해함으로써 이루어진다.

It (English) can contribute greatly to the development of social competence, by leading to an understanding of the worthwhile elements of the home life and social lives of English-speaking peoples, and to an understanding of the democratic heritage of the peoples of the world, which to an important extent was developed in English-speaking nations.

이 글에서는 영어를 '영어 사용 국가의 언어'라고 부르고, 이 국가의 사회·문화적 요소를 잘 이해한다면 개인의 사회적 능력도 향상될 것이라고 말한다. 또한 전 세계로 확산되는 민주주의 전통을 영어와 결부시키면서 그 가치관이 주로 영어 사용 국가에서 형성되고 발전되어 왔음을 강조한다. 심지어 위의 다른 글에서는 영어를 '국제적 언어'라 칭하기도 한다.

이 글에서는 세계 평화를 의미하는 '국제', 그리고 '영어 = 국제어'라는 단어가 '미국의 언어', '영국의 언어'라는 국가어의 개념과 혼용되어 사용되고 있다. 당시의 영어는 '국제어'라는 개념 외에 '평화'와 '민주주의', '선진성'이라는 상징적 의미를 가지고 있었을 뿐만 아니라 미국과 영국의 국어로서 국가를 대표하는 역할도 담당하고 있었다.

세계를 상징하는 언어, 영어 - 현재 상황

시간을 현재로 돌려 최근 중학교 학습 지도 요령을 살펴보자. 이 제 더 이상 '영어 국민'이라는 표현은 찾을 수 없다. 그 대신에 "영어 를 사용하는 사람들이 중심이 되는 세계인의 (중략) 일상생활과 풍습, 전설, 지리, 역사, 전통문화, 자연 과학 등을 배우는 것"을 학습 목표로 삼고 있다. 여기서 '영어를 사용하는 사람들'에는 중심원 국 가 사람들뿐 아니라 외주원 및 확장원 국가의 사람들도 포함된다.

실제로 요즘 일본에서 출판되는 중학교 영어 교과서를 살펴보면 다양한 나라에 대한 내용을 다루는 부분이 많아졌다. 예를 들어, 영어 교과서 『New Crown』에는 호주, 미국, 영국뿐만 아니라 중국과 인도 출신의 인물도 대화문에 등장한다. 대화가 진행되는 장소도 인도, 캄보디아, 말라위 등 다양하다. 영어 교육의 세계화가 드디어 결실을 본 것만 같다. 그러나 이렇듯 변화한 일본의 영어 교과서일지라도 한국과 대만에 관련된 내용은 여전히 전혀 찾아볼 수 없으니 참으로 의아한 일이다.

앞서 살펴본 것처럼 영어 교육의 세계화가 진전되었다고 해도, 영어 교재에서 사용되는 언어는 여전히 미국 또는 영국의 표준 영어 이며, 영어 학습자에게 가장 인기 있는 어학 연수지는 미국이다. 영어를 배우는 것과 미국이나 영국의 사회와 문화를 배우는 것이 아직 도 밀접하게 연결되어 있는 게 아닐까.

젊은 영어 교원들을 미국으로 파견하여 영어 교수법을 배우게 하고 인적 교류와 홈스테이를 통해 미국을 더욱 깊이 이해하게 하여 그들의 영어 지도력 및 의사소통 능력을 향상시키는 것을 목표로 한다. 이는 장기적으로 미일 동맹 증진과 발전을 위해 필요한 상호 이해 능력을 보다 많은 국민이 갖추는 데에도 도움이 될 것이다.

이는 일본 문부과학성과 외무성이 2011년부터 2013년까지 공동으로 진행한 '젊은 일본인 영어 교원 미국 파견 사업의 개요'에 적힌 '사업 취지'이다. 이 사업은 전국 중·고등학교에서 선발된 영어 교사들을 국비로 미국 대학교에 반년간 파견하는 사업이다. 이 자료는 몇 년 전 일본의 영어 교육 정책에 대한 조사를 할 때 발견한 것인데, 여기에 적힌 '미일 동맹 증진과 발전'이라는 표현에 나는 놀라움을 금치 못했다. 일찍이 영어 교육과 미일 동맹을 이렇게까지 노골적으로 연결시켰던 표현을 본 적이 없었기 때문이다.

"영어 학습은 서구의 사회와 문화를 배우는 것이다."라고 하면 학습자의 자발적 동기에 의한 학습으로 생각될 수 있다. 하지만 사실상 외부의 힘이 작용하여 시작된 학습이라는 것을 알 필요가 있다. 여기서부터는 영어 교육 정책과 미일 관계에 초점을 맞추어 이야기를 진행해 보겠다.

미일 무역 마찰 해소를 위한 JET 프로그램

영어 교육과 미일 관계를 생각할 때 가장 먼저 떠오르는 것이 JET 프로그램이다. '환상 2'에서 살펴보았듯이, JET 프로그램은 외국어 교육 촉진과 더불어 대중의 국제 교류 증진을 위해 시작한 사업이다. 1987년, 영어 중심원 국가 4개국에서 선발한 848명의 영어보조 교사ALT를 일본 공립학교에 최초로 배치했다.

당시 일본 외무성과 문부성(현 문부과학성), 자치성(현 총무성)이 공동으로 시작한 JET 프로그램이 시행된 후, 해당 관계자를 대상으로 한 연구가 진행되었다. 이 연구에서는 프로그램 관계자들을 대상으로 수년에 걸친 인터뷰 조사를 진행했다. 연구 담당자인 데이비드 맥코넬David McConnell은 JET 프로그램을 '톱다운식 대중의 국제화 Top-down Grassroots Internationalization'라고 기록했다. 물론 외국, 특히 미국의 젊은이들이 일본 지역 사회에 들어와 영어를 가르침으로써 국제 교류의 장이 마련될 수 있으니 이를 '대중'의 국제 교류라고 할 수는 있으나, 안타깝게도 정치색이 강한 톱다운 방식을 취하고 있었다는 것이다.

1980년대에는 미일 간 무역 마찰이 큰 외교 문제로 대두되었다. 미국에서는 대일 무역 불균형으로 인해 '재팬 배싱Japan bashing, 일본 때리기'이 날로 확산되었다. 일본은 미국 정부에 여러 조건을 양보하라는 압박을 받기 시작했다. 그 결과 일본 정부는 1981년에 '대미 자동

차 수출 자율 규제'에 합의했고, 1985년에는 플라자 합의를 체결했다. 그 결과, 엔화는 상승했고 달러는 하락했다. 1986년에는 미일 반도체 협정이 체결되면서 미국에서 일본 반도체 시장의 28%를 수입했다(마고사키 우케루孫崎享의 『전후사의 정체, 1945-2012戰後史の正体1945-2012』 참조).

당시 일본 수상이었던 나카소네 야스히로中曽根康弘는 1986년 당시 미국 대통령이던 로널드 레이건Ronald Reagan과의 회담에서 JET 프로그램을 제안했다. 일본 정부가 모든 비용을 부담한다는 조건 아래 미국 등지의 젊은이를 일본에 고용함으로써 국제 교류를 활성화시키고 일본에 대한 인식을 개선시키기 위함이었다. 무역 마찰 문제를 해결하기 위한 제안의 일환이었지만, 어떤 의미에서는 일본이 미국에게 주는 '예물禮物'과도 같은 것이었다. 실제로 JET 프로그램 참가자를 보면 미국 출신이 압도적으로 많았다. 이 프로그램이 처음 시작되고 30년이 지난 지금도 마찬가지다. 지난 2016년부터 2017년까지 일본을 방문한 보조 교사 4,536명 중 60%가 미국 출신이었다.

'교육의 국제화'라는 말

JET 프로그램의 배경에는 '교육의 국제화'라는 의미가 숨어있다. 1984년 8월, 나카소네 수상의 자문 기관인 '임시 교육 심의회'가 설치되었고, 심의회는 1987년 8월까지 총 4차례에 걸쳐 보고서를 작성했다. 1986년에 발표된 제2차 보고서는 '교육의 국제화'를 강조하고, 국제적 이해력을 높이고 문화 배경이 다른 사람과의 의사소통을 증진시키기 위해 외국어 교육을 재검토해야 한다고 제안했다. 특히 영어 교육의 중요성을 강조했는데, '외국인과 외국 대학에서 공부한 인재들을 영어 교육의 지도자로 적극적으로 활용'할 것을 제안했다. 또한, 1987년의 제3차 보고서에는 다음과 같은 내용이 들어 있었다.

앞으로 영어 교육에서는 폭넓은 의사소통을 위해 국제 공용어로서의 영어를 습득하는 데 중점을 두고, 교육 내용도 더욱 평이하게 개선하고, 학습자들이 자신의 의사를 적극적으로 전달할 수 있도록 하는 교육 내용과 방법을 검토한다.

이 보고서는 이후 일본의 영어 교육 정책을 '의사소통 중심'으로 전환하는 데 큰 역할을 했다.

'국제'라는 용어는, 메이쿄明鏡 일본어 사전에 따르면, '한 국가의 영역에서 벗어나 여러 국가 및 국민과 관계를 맺는 것, 세계적인 것'을 의미하며 글로벌 교류와 이해를 연상시킨다. 그러나 실제 교육의 장에서 이 용어는 세계 여러 국가와 사람을 이해하고 교류하기 위한 개념으로 소개되기보다 서구 동맹국, 특히 미국과 긴밀한 관계를 구축하고 일본의 입장을 명확히 설명하기 위한 개념으로 사용된다. 그 덕에 일본 국민들의 영어 실력은 일본을 위해 반드시 필요한 요소로 여겨져 왔다.

지금까지 살펴본 역사적 사건 간의 인과 관계를 일일이 밝히는 것은 어렵지만, 적어도 다음과 같은 요소들이 서로 밀접히 관련되어 있음은 알 수 있다.

- 대미 무역 마찰로 야기된 일본에 대한 미국의 부정적 이미지
- 국제화 필요성의 강조
- 영어 교육의 활성화
- 의사소통에 중점을 둔 영어 교육
- 학교에서 영어 원어민 화자 고용

이런 모든 요소가 집약된 사업이 바로 JET 프로그램이다. 결국 JET 프로그램은 미국과의 관계 개선을 전면에 대두시킨 사업이라 할 수 있다.

미일 동맹

그렇다면 '젊은 일본인 영어 교원 미국 파견 사업의 개요'에 등장하는 '미일 동맹'이라는 말은 대체 언제부터 사용되기 시작한 것일

까? 그리고 어떤 의미로 사용된 것일까?

마고사키 우케루孫崎享에 따르면 '미일 동맹'은 1979년 당시 일본 수상이었던 오히라 마사요시大平正芳가 미국 대통령이던 지미 카터와의 정상 회담에서 처음 사용했다고 한다. 1970년 후반부터 시작된 미일 무역 마찰은 경제 문제뿐만 아니라 국가 안보 문제와도 관련되어 있었다. 미국은 소련에 대한 전략을 강화하기 위해 일본에게 추가적인 방위비 부담을 요구했기 때문이다. 1981년에는 당시 일본 수상이던 스즈키 젠코와 미국 대통령 레이건이 발표한 공동 성명에 처음으로 미국과 일본은 '동맹 관계'임이 명확히 기재되었다. 그 후, 공식 석상에서 '미일 동맹'이라는 단어가 자주 사용되었다.

다음 정권이던 나카소네 정권부터는 미국의 압력이 점차 늘어나며 일본의 대미 추종 경향도 더욱 강해졌다. 앞서 언급했던 '임시 교육 심의회'를 개최한 것도, JET 프로그램을 시작한 것도 나카소네 내각이었다. 미국은 2001년 뉴욕에서 동시다발적으로 발생한 테러를 계기로 아프가니스탄과 이라크전쟁을 일으켰다. 2003년, 일본은 코이즈미 준이치로小泉純一郎 정권하에서 이라크 부흥지원 특별조치법을 가결하고 자위대를 인도양과 이라크로 파병했다. '미일 동맹의 글로벌화'가 진행된 시작점이라고 할 수 있겠다.

2010년대에 들어서면서 자민당이 정권을 탈환하자 일본의 우경화는 더욱 심해졌고, 마침내 2015년에는 국회에서 안전보장 관련 법안 체결이 강행되었다. 그 결과 집단적 자위권 행사가 허용되었으며 동맹국(미국)과의 방위 협력 관계도 더욱 강화되었다. 일본 정부가 최근 거액을 주고 미국산 병기를 구입했지만 국제연합UN의 핵병기 금지 조약에는 참가하지 않은 것만 보더라도 일본의 대미 종속 경향이 한층 더 심각해진 것을 알 수 있다.

미일 동맹은 결코 평등한 관계가 아니다. 마고사키 우케루孫崎享에 따르면 패전 후 일본의 자주 노선을 주장했던 정치가와 관료들이 모두 미국의 압박 때문에 배척당했다고 한다. 일례로 2009년 오키나와의 미군 후텐마普天間기지를 권외로 이전시키겠다고 공약한 하토야마 유키오鳩山由紀夫 수상은 취임한 지 9개월도 채 지나지 않아 사임했다. 미국과 외무성 관료의 강한 압박이 있었던 것으로 알려져 있다.

속국 일본이 추진하는 영어 교육

일본이 과연 진정한 독립국인지 의문이 들기도 한다. 미국이 미일 동맹을 통해 구상하고 있는 장기 계획에는 주일 미군과 자위대의 공동 훈련, 둘 사이의 긴밀한 협력 관계가 포함되어 있다. 오키나와 미군기지 문제를 다룬 『저항하는 섬, 오키나와沖縄の〈怒〉―日米への抵抗』(2012)의 저자인 개번 매코맥Gavan McCormack과 노리마쓰 사토코乗松聡子는 "이 같은 방위 계획 작성으로는 절대 자율성을 유지할 수 없다."라고 단언했다. 사실상 일본은 미국의 지배를 받는 속국이라는

견해다. 심지어 야베 코우지矢部宏治는 지금의 일본을 전후 미군의 점령 체제가 그대로 유지되고 있는 '반 주권 국가'라고 표현하기도 했다.

이를 보면 영어 교육이 미일 동맹 관계를 유지하기 위한 필수 요소라는 것이 자명해진다. 단, 영어 교육에 중점을 두는 일본의 행태는 대미 의존 강화를 위한 일본의 자발적인 선택에 따른 방책이지, 미국에 의해 강요된 것이 아니다. 이는 일본 정부와 관료들의 대미 추종 정책과도 관련되어 있다. 미국의 압력에 의한 것이라기보다 외력을 감지한 일본 정부가 스스로 대미 종속 노선을 취하면서 자국의 군사력을 증강하려는 의도에 의해 형성된 구도인 것이다. 『Jack and Betty』가 미국인이 아닌 일본인 영어 교육자에 의해 집필된 것도 이와 같은 맥락이다.

미일 동맹이 단지 미일 군사 협력만을 의미하는 것은 아니다. 여러 이웃 나라에 대한 일본 국민의 감정과도 연결되어 있다. 최근 군사력 강화에 힘을 쏟고 있는 중국과 핵개발을 추진해 온 북한에 대한 위협론이 제기되면서 미일 동맹의 필요성이 한층 더 설득력을 얻고 있다. 더불어 1990년대부터는 역사 교과서 문제 등으로 대두된 자유주의사관(아시아·태평양전쟁에서 일본 제국의 가해 책임을 부정하는 생각)이 일반 시민에게도 확산되면서 반중反中과 반한反韓 분위기도 곳곳에서 불거지고 있다.

무의식적인 미일 동맹의 관계에 대한 수용은 일본의 대미 추종 성향 인정뿐만 아니라 주변 아시아 나라에 대한 증오와 혐오를 부채

질하는 결과도 초래할 수도 있다. 지금까지 살펴본 바와 같이 영어는 미국인만 사용하는 언어가 아니다. 주변 아시아 지역 시민들도 사용한다. 세계의 다양한 사람들이 사용하는 언어, 즉 국제어로서의 영어 교육과 미일 동맹을 축으로 한 영어 교육은 본질적으로 공존하기 어렵지 않을까?

앞서 언급한 '젊은 일본인 영어 교원 미국 파견 사업 개요'에서는 이 사업이 "미일 동맹 증진과 발전을 위해 필요한 상호 이해 능력을 보다 많은 국민들이 갖추는 데에 도움이 될 것"이라고 강조한다. 즉, 일본 중·고등학교에서 영어를 가르치는 선생님들을 미국에 파견 보내고 홈스테이를 통해 미국의 문화와 사회 등을 배우게 한 후 일본 학생들에게 연수 성과를 환원하게 한다면 "미일 군사 동맹의 심화와 발전"에 기여하게 될 것이라는 말이다. 하지만 일본의 영어 교육에서는 가상 적국인 중국과 북한의 영어 학습자 혹은 위안부 문제로 관계가 악화되어 버린 한국의 영어 학습자와의 교류, 그리고 상호 이해에 대해서는 전혀 주목하고 있지 않다. 국제어라는 영어의 명칭이 무색해진다.

"영어 교육에서 정치란 무엇인가?"라는 질문에 테라지마 타카요시는 매체의 포장에 둘러싸인 영어 교육은 결코 정치적으로 중립적일 수 없다고 답했다. 나카무라 케이도 영어 교육의 정치성에 대해서 일찍부터 지적해 왔다. 정치적, 군사적으로 이용되어 온 영어 교육의 문제를 인식하지 못한다면 무의식적으로 대미 사대주의의 늪에 빠지거나 넓은 시야를 갖춘 국제 감각을 키우기 어려워질 것이다.

영어로 일본을 '발신'한다

'영어 = 영국 또는 미국'이라는 등식은 패전 후 연합군 점령 정책 하에서 형성되지 않았다. 야마구치 마코토山口誠의『영어 강좌의 탄생 英語講座の誕生 ― メディアと教養が出会う近代日本』(2001)을 살펴보자. 이 책에서 는 전쟁 전 라디오 방송으로 시작한 영어 프로그램, 특히 1934년부터 1939년까지 방송된 '영어 회화 강좌'라는 프로그램에 대해 설명한다. 여기서 흥미로운 점은 이 라디오 강좌와 그 이전의 영어 강좌와의 차 이점이다.

'영어 회화 강좌'는 이전 방송과 내용 면에서 많이 달랐다. 이전 방송에서는 교양, 즉 영문학을 중점적으로 다루었다면, '영어 회화 강좌'에서는 진짜 영어 '회화'를 중점적으로 다루었다. 일본을 소개 하는 내용도 전하기 시작했다. 예를 들어 '참다がまんする' 또는 '분발하 다がんばる'라는 개념에 대한 설명, 그리고 '일본 미술', '일본 정부', '메이드 인 재팬made in Japan' 등이 영어 회화 주제로 소개되기 시작 했다. 영문학 강좌에서는 영어로 된 문학을 '수용'하는 데 초점을 맞 췄다면 '영어 회화 강좌'는 닛폰Nippon, 일본을 '발신'하는 데 주목한 것이다.

저자인 야마구치에 따르면 '수신형' 영어 교육에서는 항상 서구 가 기점이 되지만, '발신형' 영어 교육에서는 서구를 포함한 모든 국 가에게 서구와 다른 문화를 영어를 통해 '발신'하려는 것이 중심이

된다고 한다. 이런 차이는 〈그림 3〉에도 잘 표현되어 있다. 또 야마구치는 '수신형' 영어 교육에서는 영미 이외의 다른 나라에 대한 정보가 모두 무시되었다고 주장했다. 이런 형태에는 미일 동맹형 영어교육과도 일맥상통하는 부분이 있다.

〈그림 3〉 '영어 회화'의 사고방식
발신형 '영어'의 전제가 되는 비대칭적 '세계'관

'영어 회화 강좌'에서 일본을 '발신'하려 한 배경에는 일본이라는 나라가 세계에 정확히 알려지지 않았다는 데에서 온 위기감이 있었다. 당시 일본 상황을 살펴보면, 1910년대에는 제1차 세계대전으로 일본의 수출이 대폭 성장했지만 1920년부터는 불황을 겪었다. 쇼와 시대에 들어서는 일본 제국이 아시아 패권을 차지하고자 했고, 1931년에는 만주 사변을 일으키고 만주국을 지배하기도 했다. 그러나 1933년에 국제 연맹이 리튼 조사단Lytton Commission 보고서를 근거로 일본의 만주국 통치를 승인하지 않자, 일본은 이에 불만을 품고 국제 연맹에서 탈퇴한다. 아마도 당시 일본 제국의 입장이 세계에 정확히 전달되지 않았기 때문에 일본에 대한 국제 사회의 비판이 지속되었다고 생각한 듯하다. 그리고 1937년에 중일전쟁이 발발했다.

라디오 영어 회화 강좌가 시작된 1934년에는 무역 활성화를 위해 일본 상업영어 학회(현, 국제비즈니스커뮤니케이션학회)가 설립되었다. 자연스럽게 일본이 국제적 고립 위기에서 탈출하기 위한 수단으로 영어가 주목받았다.

이 시대 일본의 교육 동향에 대해서 오랜 기간 연구를 해 온 교육학자 모리타 토시오森田俊男에 따르면, 1920년대부터 1930년대 초까지 일본에서는 '일본 문화'에 주목한 교육론과 '향토 교육' 운동이 전개되었다고 한다. 모리타는 이리사와 무네토시石沢宗寿라는 당시의 교육학자를 예로 들었다. 이리사와는 서구 중심적 교육론에서 벗어나서 일본의 '신도 교육론'을 토대로 '체험, 자연, 봉사, 향토' 등이 중심이 된 교육론을 발전시켰다. 일본을 '발신'하는 데 중점을 둔 라디오 '영어 회화 강좌'는 일본 문화의 특징을 교육에 접목하고자 했던 그 시대의 교육학자들과 그 뜻을 같이했다. 이후 일본의 교육은 '황국 신

민의 길皇国ノ道'이라는 통치 이념 아래, 전쟁 수행을 목적으로 한 훈련
과 사상 통제를 시작했고 차츰 파시즘Fascism으로 흐르게 되었다.

　여기서 분명한 것은 영국과 미국을 이해하는 것과 일본을 '발신'
하는 것이 천칭天秤처럼 완벽한 균형을 맞추어 왔다는 점이다. 이런
균형 구도는 JET 프로그램이 시작된 시기부터 강조되어 일본인 정체
성을 확립하기 위한 교육에도 그대로 반영되었다.

일본인으로서의 자각

　'영어 학습 = 서구 이해'라는 등식과 반대되는 개념이 바로 '일본
인의 정체성 확립'이다. 전후 일본에서 '일본인으로서의 자각'이 교
육 목표로 처음 등장한 것은 1980년대에 열린 '임시교육심의회'의
보고서에서다. 앞서 언급했듯이 심의회는 '교육의 국제화'를 강조하
며 의사소통을 중심으로 한 영어 교육을 제안했다. 그리고 '세계 속
일본인'을 육성하는 것을 교육 개혁의 목표로 삼았다. 특히 여기서
'국제적 감각으로 일본 문화의 개성을 주장할 수 있는 능력'과 '일본
인으로서 자국을 사랑하고 국기와 국가가 가지는 의미를 이해하고
존중하는 마음과 태도를 배양하는 것'이 강조되었다. 이어 1999년
에는 '국기 국가법'이 제정되어 학교 등에서 행해지는 공적 행사에서
국기 게양과 국가 제창이 당연한 순서로 자리 잡았다.

'심의 과정 개요'에 적힌 '세계 속 일본인'에 대한 내용을 살펴보면 "다양한 문화를 깊이 이해하고 원활한 의사소통이 가능한, 글로벌 커뮤니케이션 능력을 갖춘 국제인을 육성하는 것이 꼭 필요하다."라고 기술되어 있다. 그리고 그 기본 조건으로는 '국제 사회에 일본의 역사와 전통, 문화, 사회, 국익 등을 설득력 있게 주장할 수 있는, 깊고 폭넓은 일본에 대한 지식'이 자리하고 있다. 이는 영어 또는 다른 외국어를 사용하여 '일본을 발신'하려 했던 1930년대의 라디오 영어 회화 강좌와 그 방향성이 일맥상통한다.

'임시교육심의회' 보고서를 바탕으로 1989년에 개정된 학습 지도 요강에는 처음으로 '일본인으로서의 자각'이라는 표현이 등장한다. 예를 들어 이 지도 요강은 중학교 영어 교재에 대해 "넓은 시야를 통해 국제적 이해를 심화시키며 국제 사회를 살아가는 일본인으로서의 자각을 높일 것, 그리고 국제 협조 정신을 기르는 것에 도움이 될 것"을 강조한다. 현행 학습 지도 요강에는 이 부분이 "⋯국제 사회를 살아가야 할 우리 국가의 일원이라는 자각을 높임과 동시에⋯"라는 표현으로 수정되었다. 그러나 이 두 표현 모두 국민 정체성 확립을 위한 영어 교육을 촉구하고 있다는 것에는 변함이 없다.

2006년에는 아베 신조安倍晋三 정권에 의해 교육 기본법이 개정되었는데, "전통과 문화를 존중하고 이를 보존, 발전시켜 온 우리 국가와 향토를 사랑하며 타국을 존중하고 국제 사회의 평화와 발전에 기여하는 태도를 갖추도록 할 것"이라는 부분이 교육 목표에 추가되었다. 여기서도 '국가와 향토를 사랑하는 마음'과 '국제적 태도'가 같이 설명되어 있는데, 이는 1980년대부터 계승해 온 교육 개혁의 이념을 답습한 결과다.

심지어 1930년대 국제 사회에 비친 일본의 일그러진 모습을 바로 세우기 위해 '발신형 영어 회화'가 라디오에서 방송된 것처럼, 1980년대에는 대미 무역 마찰로 형성된 일본의 비호감 이미지를 개선하기 위해 '발신형' 언어 교육이 영어 교육뿐만 아니라 국어 교육에서도 중시되었다. 일본이 이미지 개선을 위해 영어로 '발신'하고자 한 것은 일본의 생활, 문화, 견해 등의 긍정적이고 특징적인 측면이다. 패전 직후 출시된 영어 교과서 『Jack and Betty』가 미국의 역사와 습관, 백인 중산층 계급의 생활 등을 미화하여 미국을 묘사한 것처럼 일본인이라는 자각을 가지고 '발신'한 일본 문화 역시 이상적으로 표현된 것일 가능성이 크다.

K-환상

④

한국에서 영어 학습의 목표 및 이데올로기

쿠보타 류코는 많은 일본인이 영어 어학연수를 선택할 때 주로 중심원 국가, 특히 미국을 선택한다고 했다. 한국인들은 어떤지 간략하게 살펴보자. 최근 한국 통계청Statistics Korea에서 발표한 '국외 고등교육기관 한국인 유학생 통계' 자료에 따르면, 2019년 기준 약 213,000명의 대학생, 대학원생, 어학연수 학생이 해외에 거주 중이다. 지역별로 유학생의 수를 살펴보면, 미국과 중국에 거주 중인 유학생의 비율이 각각 23.8%로 가장 높고, 그 다음으로는 미국을 제외한 영어권 국가인 호주, 캐나다, 영국, 뉴질랜드에 거주 중인 유학생의 비율이 높은 것으로 나타났다. 일본과 마찬가지로 한국인들도 주된 유학 및 어학 연수지로 중심원 국가를 선택하는 것을 알 수 있다.

4장에서는 제2차 세계대전 종전 이후 일본이 미국과 우호적인 관계 형성을 위해 어떤 노력을 했는지도 서술하고 있다. 예를 들어, 일본은 미일 무역 마찰을 완화하기 위해 JET 프로그램을 도입하고, 미국 청년들을 원어민 교사로 채용했으며, 일본의 영어 교사를 일정 기간 미국에 파견하는 프로그램도 운영했다. 또한 미국의 언어와 (선진) 문화 습득을 세계 평화와 일본의 국제화를 위한 주요 수단으로 여기고, 이를 영어 교과목의 학습 목표로 정했다. 한국의 영어 교육의 역사를 살펴보면, 일본과 유사한 경향이 있음을 알 수 있다.

구체적으로 『한국의 영어 이데올로기English language ideologies in Korea』라는 책에서 조진현은 제2차 세계대전 이후 한국과 미국이 동맹관계를 맺은 뒤, 미국의 언어와 문화가 한국의 사회, 교육, 문화 곳곳에 어떻게 영향을 미쳤는지 서술하고 있다. 특히 미국 군정기(1945~1948)에는 영어가 한국 내 공식 언어였으며, 당시 '영어 교육의 목표'를 여러 공문에서 확인할 수 있다고 밝혔는데 이들의 공통적인 내용을 간략하게 요약하면 다음과 같다.

> (한국어와 달리) 영어는 현대의 지식, 정보, 기술 등을 전하는 데 가장 적합한 언어이다.
> 영어를 통해 한국인에게 미국의 선진 문화를 알리고, 한국인을 계몽한다.
> 근대 사회에서 한국인이 취업을 하고 사회생활을 하기 위해 영어 교육이 반드시 필요하다.

현시대를 사는 우리에게는 다소 믿기지 않는 표현이지만, 역사적으로 전쟁 직후 혼란의 시대를 겪은 한국인들에게 있어 그 당시 정치·경제·군사적 우위를 차지하던 미국의 언어인 영어는 근대화의 상징이자, 지식인의 필수 자격이었을 것이다. 한국의 사회와 문화 곳곳에 오랜 기간 축적된 '미국'과 '영어'에 대한 우호적인 이미지는 '근대 사회' 대신 '국제화 사회'라는 이름만 바꿔 단 무대에서 지금도 남아있는 것 같다.

영어 교육에 대한 10가지 환상

영어권 문화가 더 우월하다

'환상 4'에서 살펴봤듯이 외국어 교육과 문화는 떼려야 뗄 수 없는 관계에 있다. 영어 교육에서도 영어권 문화와 학습자의 문화는 서로 밀접하게 연관되어 있다. 그럼 언어 교육 분야 밖에서 우리가 일상적으로 듣고 말하는 '문화'는 어떤 개념으로 사용되고 있을까? 우리가 일상에서 마주하는 '문화'에 대한 인식을 한번 살펴보자.

영어는 논리적이고 일본어는 애매모호하다?

미국의 응용언어학자 로버트 카플란Robert B. Kaplan이 1966년에 발표한 논문에서 제시한 〈그림 4〉의 모델을 보자. 영어 교육을 연구해 온 독자라면 본 기억이 있을지도 모른다. 이 논문에서 카플란이 주장한 것은 문화에 따른 사고방식의 차이가 언어에도 나타난다는 것이었다.

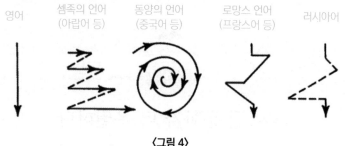

〈그림 4〉
Kaplan(1996)을 참고하여 작성

영어는 직선적 논리를 축으로 하는 반면, 동양의 언어들은 나선형 논리, 즉 논점을 에둘러 말하는 특징을 가지고 있다는 것이다. 그리고 이런 문화에 기인한 사고방식은 글의 문장을 구성하는 데도 영향을 미친다고 했다. 예컨대 영어 문장은 직선적이고 연역적(주장하고 싶은 것을 처음에 쓰는 방식)인데, 동양의 언어로 쓰인 문장은 간접적이며 귀납적(주장하고 싶은 것을 마지막에 쓰는 방식)이라는 것이다. 카플란이 제창한 이 모델은 '비교수사학' 연구의 출발점이 되어, 지금까지도 여러 언어의 문장 구성 특징이 연구되고 있다.

이 모델은 일본의 영어 교육 논문에도 소개되어, 일본에서 영어를 배우는 학습자들이 영어로 글을 쓸 때 유의해야 할 점으로 지적되었다. 즉 일본어를 모어로 하는 학습자들이 영어로 말을 하거나 글을 쓸 때, 일본어식 사고로 영어를 쓰면 모호하고 비논리적인 영어가 되기 쉽다는 것이다.

"영어는 논리적인 언어이기 때문에 논점을 처음부터 명확히 밝히고 단도직입적인 표현을 사용하지만, 일본어는 마지막까지 중요한 논점을 말하지 않고 에둘러 말하는 언어다."라는 인식은 영어 교육 관계 자뿐만 아니라 일반 대중에게도 널리 퍼져 있다. 그리고 이 같은 인식은 일본 문화의 특수성을 연구하는 '일본인론'과 어우러져 더욱 강력한 문화론으로 자리 잡게 되었다. 이 장에서는 우선 "일본어는 독특하다."라는 논의의 대표적 이론이 된 '일본인론'에 대해서 알아보고, 언어와 문화의 독자성이 영어 교육과 어떻게 연관되는지를 살펴보겠다.

일본어의 독자성

일본어의 표현들은 독특한가? 이미 많은 논객이 이 문제에 관해서 일본어의 특징과 일본 문화를 결부시켜 설명해 왔다. 특히나 일본어와 일본 문화를 영어 표현과 서구 문화와 비교한 경우가 많았는데, 일반적으로 일본어의 특징을 다음과 같이 설명한다.

조심스러우며 고상하다. 침묵을 중시하고 "모난 돌이 정 맞는다."라는 속담이 있듯이 자기주장과 의견 충돌을 피하는 경향이 강하다. 간접적 표현과 '네/아니요'를 명확히 말하지 않는 애매한 표현을 즐긴다. 그리고 말보다 암묵적 이해가 더 존중된다. 논리적 표현보다 감정에 호소하는 경향이 크다. 이는 '와'정신을 중시하는 섬나라의 집단주의에서 비롯된 것이다.

한편, 영어에 의한 의사소통에 대해서는 다음과 같이 설명한다.

언어를 이용한 적극적인 자기주장과 자기표현을 중요시한
다. 따라서 영어 토론에서 침묵은 의견이 없는 것으로 여겨진다.
또, 주장할 때는 논리적이고 직접적 표현을 선호한다. 따라서 애
매하지 않게 '네' 또는 '아니요'를 확실히 말하는 경향이 있다.
이는 개인의 생각을 존중하는 개인주의에서 비롯된 것이다.

이처럼 언어의 특징이 각 문화의 독자성과 연결되어 이분법적으
로 설명되었다. 이런 문화 차이의 설명은 앞서 소개한 카플란의 비교
수사학과 유사한 점이 많다.

인류학자 에드워드 홀Edward Hall은 1976년 일본어의 애매성과
영어의 명확성의 차이를 '고배경 문화high-context culture'와 '저배경
문화low-context culture'라는 개념으로 설명했다. 그에 따르면 일본이
속하는 '고배경' 문화권 사람들은 단일민족 의식이 강하며 같은 사회
공동체의 사람들끼리 같은 정보와 인식, 즉 배경context을 공유할 비
율이 높다고 한다. 그렇기 때문에 언어를 사용하여 명백한 메시지를
전달할 필요가 없으며, 논리보다는 감정이 의사소통에서 더 중요하
게 작용한다는 것이다. 한편, 미국 문화로 대표되는 '저배경' 문화권
은 다민족 국가이기 때문에 정보를 서로 공유하는 데에 한계가 있고,
따라서 언어를 매개로 정보와 의사를 정확하고 논리적으로 전할 필

요가 있다고 본다.

에드워드 홀의 연구는 이문화異文化 커뮤니케이션 분야의 선구적 연구가 되었는데, 이 개념이 도입되었을 무렵 일본에서는 고도의 경제 성장으로 일본 기업의 경제 활동이 국제적으로 활성화되면서 국제 기업과의 교섭 및 교류가 더욱 요구되었다. 실제로 이문화 커뮤니케이션 연구는 이런 국제 비즈니스에 필요한 지식과 능력의 함양을 위해 등장한 분야이다. 또한 이문화 커뮤니케이션의 이론은 타 문화 간의 행동과 의식의 차이를 명확히 밝혀, 오해 없이 비지니스 업무를 수행할 수 있도록 하는 데 그 목적을 두고 있다. 이문화 커뮤니케이션 연구에서는 각 문화의 특징을 '고배경 문화'와 '저배경 문화'의 개념처럼 이항 대립적으로 혹은 유형별로 나누어 설명하고 논의한다.

일본인론

마침 그 무렵, 일본에서는 '일본인론'에 대한 논의가 활발히 진행되고 있었다. 이는 일본인의 사고방식과 행동 양식, 그리고 사회 구조 속에 투영된 일본 문화가 다른 사회와 비교해서 독특하다는 인식이다. 그렇다면 '일본인론'이 성행하게 된 데에는 어떤 시대적 배경이 있었던 것일까?

일본 경제는 1960년대에 급속도로 성장했다. 전후 불과 10년이

채 되지 않은 시간 동안 눈부신 경제 성장을 이루어 낸 것이다. 일본 내외의 지식인들은 이런 일본의 성공 요인을 해명하려 했는데, 그중에서 가장 주목을 받은 것이 바로 "일본 문화에는 독특함이 있다."라는 개념이었다. 일본인 논객이 쓴 저서로는 나카네 치에中根千枝의 『종적 사회의 인간관계 - 단일 사회의 이론』(1967)과 도이 타케오土居健郎의 『아마에甘え 구조』(1971), 그리고 츠노다 타다노부角田忠信의 『일본인의 뇌 - 뇌의 운동과 동서양의 문화』(1978) 등이 있다. 해외에서 출판된 것으로는 미국의 사회학자 에즈라 보겔Ezra Vogel이 집필한 『Japan as number one』(1979)과 에드윈 라이샤워Edwin O. Reischauer의 『The Japanese』(1979)가 대표적이다.

여기에는 일본인과 일본 사회, 일본 문화의 특징이 기술되어 있다. 그 특징을 간략히 정리하면 일본 사회는 '집단주의를 토대로 조화와 화합을 지향하는 문화'를 가졌다는 것이다. 스기모토 요시오杉本良夫와 로스 마우어Ross E. Mouer가 지적한 것처럼 그 당시에는 "일본의 모든 개인과 집단에서 이런 패턴이 발견된다."라고 믿었다. 스기모토와 마우어는 이런 '일본인론'을 '동질동조론同質同調論'이라 부르며, "일본 문화와 일본인은 집단에 충성하며 그 속에서 조화를 이루기 위해 종적 충성 관계에 복종한다. 이는 연공서열年功序列의 관습과 존경어 및 정중어 등의 언어 표현에도 잘 드러난다. 그리고 이 같은 특징은 일본 문화와 민족의 균일성에서 비롯된 것"이라고 '일본인론'의 논점을 정리했다.

이처럼 일본 문화와 일본인의 특이성에 관련된 이야기는 정치에서도 종종 이용되곤 했다. 예를 들어, 1980년대 있었던 대미 무역 교섭에서 당시 자민당 종합농정조사會長農政調査 회장이었던 하타츠 토무波山攻는 "일본인은 장腸이 미국인보다 길어서 일본에서 육식 소비를 늘리는 것은 어렵다."라고 하며 소고기 수입에 난색을 보인 적이 있다. 또한 나카소네 야스히로中曾根康弘와 스즈키 무네오鈴木宗男, 나카야마 나리아키中山成彬를 비롯한 많은 정치가가 민족의 단일성에 대해서 "일본은 단일민족국가"라는 발언을 해 비판을 받기도 했다.

'일본인론'에 대한 비판

'일본인론'은 1980년대부터 비판의 대상이 되었다. 앞서 소개한 스기모토와 마우어를 비롯해서 베프 하루미Befu Harumi, 아오키 타모츠青木保, 요시노 코오사쿠吉野耕作 등이 사회학과 문화인류학의 관점에서 '동질동조론同質同調論'에 의문을 제기했기 때문이다.

하타츠의 소고기 수입에 관한 발언에서도 알 수 있듯이 '일본인론'은 사실에 근거한 논리라기보다 사회적 통념과 정치적 희망에 호소하는 경향이 강하다. 그리고 그 논리들을 자세히 살펴보면 문화적 특수성의 주장과 모순되는 경우를 발견하기도 한다. 예컨대 '일본인론'에서는 전후 일본의 고도 경제 성장의 요인이 종신고용과 연공서

열제도에 있다고 주장한다. 그러나 스기모토와 마우어가 제시한 그 당시의 실증 연구 자료를 보면, 그 당시에도 일본 젊은이들의 노동 시장 유동성은 높았으며 서구의 여러 나라와 비교했을 때도 일본의 근속 연수가 더 길진 않았다. 결국 '일본인론'이 주장하는 '일본 문화의 독자성'은 반드시 사실에 근거한 것이 아니라는 것을 알 수 있다. 여기서 한 가지 예를 더 들어보자.

일본과 미국의 학습 태도 비교

영미 중심주의가 일본의 영어 교육에 큰 영향을 미치고 있다는 것을 이미 앞에서 살펴보았다. 일본의 눈이 항상 영국과 미국을 향하고 있는 것은 영국과 미국을 학습 모델로 삼고 싶어 하는 일본의 염원이 반영된 것이다. 예를 들면 영어권 나라의 교육과 학습법이 일본의 교육이나 학습법보다 뛰어나다고 생각하는 사람들이 있다. 특히 그들은 교실 내 활동에 대해서 영어권 학교의 교실에서는 토론 중심 활동으로 의견이 활발히 교환되는 반면, 일본 학교의 교실에서는 지식 주입식의 수동적 지도 방법과 학습 태도가 지배적이라고 주장한다.

나는 2000년대 초 "일본 학교와 대학의 학습자들은 학습에 대해 수동적 태도를 보이는 반면, 미국 학습자들은 적극적으로 참여한다."라는 일반적 믿음에 의문을 가지게 되었다. 영어로 발표된 많은 연구 논문을 읽으면서 미국에서도 오랫동안 수동적이고 암기 중심의 학습을 해결해야 할 과제로 생각해 왔다는 것을 알게 되었다. 특히 1980년대 미국에서 일본 및 유럽과의 경쟁이 치열해지자 젊은 세대의 학력 저하 문제가 큰 화두로 대두되기도 했다. 그 결과, 1983년에 발표된 「위기에 선 국가」라는 보고서를 필두로 교육 연구자들이 미국 학교와 대학 교실의 모습을 연구하기 시작했다. 그 과정에서 드러난 미국 교실의 모습은 토론 위주의 수업보다는 연습 문제와 교과서를 중심으로 한 교수법, 교사의 일방적 지식 전달, 그리고 수동적인 학습자들의 수업 태도 등으로 구성되어 있었다. 물론 토론 중심의 교실 풍경도 찾아볼 수 있었지만, 이는 비교적 경제적으로 풍요로운 학교와 엘리트 학교에 한정된 것이었다.

그 후 2002년 미국에서 '아동 낙오 방지법No Child Left Behind, NCLB'이 제정되었고 신자유주의의 성과주의를 기본으로 한 교육 개혁이 이루어졌다. 그 개혁의 취지는 문자 그대로 모든 학생의 학력을 높이는 것이었는데, 이를 위해 학생들의 학업 성취를 동일한 시험으로 측정하고 그 결과에 따라 교사에게 보너스를 지급하기도 하고, 학교에 지급되는 보조금을 줄이기도 했다. 물론 이 개혁은 스즈키 다이유鈴木大裕가 자신의 저서 『붕괴하는 미국 공교육 – 일본에 경고崩壊するアメリカの公教育 – 日本への警告』(2016)에서 지적한 것처럼 오히려 시험 점수를 올리는 데만 집중하게 만들어 시험 중심주의 풍조를 확산시키는 결과를 초래했다.

그렇다면 일본의 경우는 어떨까? 미국과 마찬가지로 일본에서도 오랫동안 시험 중심주의의 교육이 이루어져 왔다. 게다가 지금은 영어를 통한 '세계화'라는 명목하에 토익TOEIC 등과 같은 언어 능력 시험이 더욱 중요해졌다. 이같이 경쟁과 점수를 강조하는 풍조는 국경을 넘어 전 세계적으로 만연해지고 있다. 이는 '환상 7'에서 살펴볼 신자유주의적 교육관에서 비롯된 것이라고도 할 수 있다.

앞서 살펴보았듯이 문화 간의 차이와 그에 수반된 언어 간의 차이를 이항 대립적으로 구분하여 강조하는 이분법적 사고방식은 관념론적인 경향이 강하며, 실증적 연구를 통해 반드시 증명 가능한 사실이 아니라는 것을 기억할 필요가 있다.

일본 문화의 다양성과 유동성

'일본인론'은 '일본 = 일본 문화'와 같이 국가의 문화를 획일화시키려는 경향이 강하다. 그러나 일본 문화 안에도 다양성은 존재한다. 예를 들어 일본의 식문화를 생각해 보자. 북쪽의 홋카이도부터 남쪽의 오키나와까지 지역마다 식재료와 조리법, 먹는 방법이 모두 가지각색이다. 일본 정월의 대표적 요리인 오조니(일본식 떡국)도 지역마다 조리법이 다 다를 뿐만 아니라 오키나와에는 예부터 오조니를 먹는 전통이 없다. 오키나와는 류큐 왕국의 전통을 유지하므로 본토의 문화와는 다르다고 말하는 사람이 있을지도 모르겠다. 하지만 일본 문화를 국가라는 개념 안에서 설명하면서 일본 영토의 일부로 병합된 오키나와를 배제시키고 일본 문화를 정의할 수는 없다.

"고장이 바뀌면 풍속, 습관, 말도 달라지는 법이다."라는 말이 있듯이 일본 문화의 다양성은 식문화 이외의 다른 영역에서도 찾아볼 수 있다. 언어도 그중 하나다. 지역이 바뀌면 말도 바뀐다. 일본은 메이지 유신 이후 국가 성립을 위해 근대화를 추진했는데, 국력 신장을 위한 하나의 방편으로 언어 통일에 힘을 쏟았다. 특히 교육을 통해서 방언을 표준어로 대체하려는 노력을 해 왔다. 그러나 여전히 일상에서는 지역 언어가 사용된다. 일본어도 언어의 다양성에 대해 '환상 1'에서 예를 든 영어의 경우와 같다.

문화는 살아있는 생물체이며 시대와 더불어 변화한다. 물론 전통적인 궁중 행사처럼 변화가 적은 것도 있지만, 그것은 보존과 계승의 노력이 있었기 때문이다. 우리 생활에 기본이 되는 의식주는 시대와 더불어 변화한다. 언어도 마찬가지다. 결국, 각 문화에는 다양성이 공존하며 문화는 시간과 함께 변화하고 있다.

그런데도 문화를 단일적이고 획일적으로 다룬다면 문화에 대한 고정관념을 형성하고 '본질주의'를 조장하게 될 것이다. 뒤에서 더 자세히 설명하겠지만 앞서 언급한 것처럼 '본질주의'는 한 집단의 특징을 고정적인 것으로 보고 그 본질은 불변한다고 믿는 개념이다. 이는 앞에서 설명한 표준 영어의 경우뿐만 아니라 인종과 젠더, 섹슈얼리티에 관한 문제를 생각할 때도 적용할 수 있는 개념이다.

이데올로기로서의 문화

문화는 다양하고 역동적인 것임에도 불구하고 문화를 하나의 틀에 규정시키고 획일화시키려는 정책적 움직임도 있다. 예를 들어, 일본 농림수산성은 2007년에 '일본 레스토랑 인증 제도를 마련하기 위한 지식인 회의'를 설치했다. '본래의 일본 음식과 다른 일본 음식을 제공'하는 해외의 많은 레스토랑에 '올바른 일본 식문화를 보급'하기 위함이었다. 하지만 안타깝게도 국내외의 반발로 인해 결국엔 좌절되었다.

세계 각국에 '올바른 식문화'가 있다면 일본에서 먹는 카레와 파스타는 인도와 이탈리아의 식문화와 분명히 큰 차이가 있을 것이다. 대중의 음식 문화에 과연 '올바른' 것이 존재하는지 의문스럽지만, 여기서 주목하고 싶은 것은 일본 농림수산성의 계획에 옳고 그름의 가치 판단이 개입되었다는 것이다.

그 후 2013년 일본은 일본 식문화에 다양성을 약간 가미한 형태로 '와쇼쿠和食, 일식, 일본인의 전통 식문화'를 유네스코 무형 문화유산에 등록시켰다. 여기서 강조한 것은 특정 지역에 국한되지 않고 다양한 식재료와 자연의 아름다움, 그리고 사계절의 변화를 표현한 일본 음식 문화의 특징이었다. 그러나 사계절이 뚜렷한 것은 일본만의 특징이 아니며, 일본 자연의 아름다움 또한 거듭되는 자연 파괴와 최근에 발생한 후쿠시마 제1원자력 발전소 사고, 오키나와 신기지 건설 등으로 소실되고 있는 실정이다. 그럼에도 우리는 이런 사실들은 모두 무시한 채 일본 문화의 독특함만을 기억한다.

일반적으로 일본 문화와 그 문화에 관련된 이미지를 떠올리면 대체로 다수자 또는 권력자에 의해 그려진 이상적 모습을 떠올릴 것이며, 그것은 그 문화의 극히 일부일 가능성이 크다. 그럼에도 불구하고 전국에 거주하는 많은 일본 국민은 일본인과 일본 문화라는 정체성을 공유하고 있다. 미국의 정치학자 베네딕트 앤더슨Benedict Anderson은 이것을 '상상 속의 공동체'라고 부르며 근대 국가의 민족주의 구축의 틀로 개념화했다.

또한 '일본인론'이 주장하는 "일본인은 ○○이다."라는 믿음은 시간이 지나면서 "일본인은 ○○해야 한다."라는 규범으로 바뀌게 되고, 그 결과 "일본인은 ○○이다."라는 주장이 사실로 받아들여지게 될 가능성이 높다. 예를 들어 스기모토와 마우어는 "일본은 집단주의다."라는 설이 널리 퍼지면 일본인은 자연스럽게 그것이 사실이라고 믿게 되고 그것에 부합하는 행동을 하게 될 거라고 지적했다. 요시노 케이사쿠吉野耕作는 일본 문화의 독자성이 지식인과 비즈니스 엘리트들에 의해 소비되고 그것이 재생산되는 과정에서 문화 민족주의가 구축되었다고 주장했다.

일본인과 일본 문화의 특징이 규정되면 일본인의 영어 학습자는 자연히 '일본 문화'를 영어로 발신하려고 하거나 그렇게 하도록 권유받을 것이다. 여기서 우리는 '환상 4'에서 살펴보았던, 일본 문화를 세계로 발신하려 한, 1930년대 라디오 영어 회화 강좌를 떠올릴 수 있다. 한편, 도쿄도東京都는 2020년 도쿄 올림픽을 맞아 일본인이 일본과 도쿄, 그리고 그 문화를 영어와 일본어로 설명할 수 있게 하려고 새 언어 보조 교재를 독자적으로 개발하려는 움직임을 보이기도 한다.

물론 외국어로 문화를 알리려는 것을 무조건 폐해라고 단정 지을 수는 없다. 그러나 그 문화를 본질주의적 시각에서 획일적이고 고정적인 것으로 보느냐, 아니면 다양하고 유동적인 것으로 보느냐에 따라 문화에 대한 접근 및 태도는 달라질 것이다.

영어 문화권의 사고방식은 직선적 논리다?

지금까지 '일본인론'에 내포된 문화의 개념에 대해서 살펴보았는데, 여기서는 이 장의 서두에서 소개한 '비교수사학'에 대해 생각해 보겠다.

우선, 영어권 문화의 대표적 사고방식은 직선적 논리라는 주장에 대해 살펴보자. 이는 영어권 국가의 학교에서 가르치는, 이른바

'5단락 에세이' 방식을 일컫는 경우가 많다. 5단락 에세이는 보통 다음과 같이 구성되어 있다.

- 1단락: 도입 부분에 주제를 소개하고 의견과 주장을 말한다.
- 2, 3, 4 단락: 의견과 주장의 근거 및 이유를 세 가지로 나누어 말한다.
- 5단락: 의견과 주장을 다시 한번 되풀이하고 결론을 짓는다.

그러나 '환상 1'에서도 보았듯이 표준 영어의 글에도 다양한 장르가 존재한다. 학술 논문과 리포트 외에도 신문 기사 및 픽션(소설 등), 논픽션 등 다양한 글쓰기가 있다. 신문만 보더라도 뉴스 기사와 평론, 사설, 투서 등 여러 종류의 글이 실려 있다. 이 모든 글이 다 직선적 논리 방식으로 쓰였다고 말하기는 어렵다.

북미의 학교에서 사용하는 교과서도 마찬가지다. 나는 링 시Ling Shi와 함께 미국과 캐나다 학교의 영어(즉, 그들의 국어) 교과서에 게재된 논설문을 분석한 적이 있다. 그 결과, 글의 주제가 반드시 서론에 위치해 있지 않으며 글 중간부 또는 마지막에 제시된 경우도 상당수 있다는 것을 발견했다. 자신이 주장하고 싶은 것을 마지막에 두는 것을 귀납적 수사법이라고 한다. 5단락 에세이 글이 갖는 연역적 수사법과 대조적이지만, 이 또한 효과적 영작문 쓰기의 방법인 것이다.

일부 북미의 대학교에서는 5단락 에세이 작문법이 독창성과 신

선미가 없는 진부한 글쓰기 방법이라고 하여 학생들에게 사용하지 않도록 지도하기도 한다. 앞에서 언급했듯이 요즘 미국의 초·중 교육은 시험 중심이라, 일부 엘리트 학교를 제외한 곳에서는 틀이 정해져 있는 5단락 에세이의 작문법을 익히게 하는 경향도 있지만 일부 대학에서는 오히려 이런 작문법이 독창적인 고도의 사고 활동을 둔하게 만들 수 있다고 하여 장려하지 않는다.

물론 정형화된 패턴이 있으면 가르치는 입장에서도, 배우는 입장에서도, 그리고 평가하는 입장에서도 편하다. 그러나 세계에 자랑할 만한 높은 수준의 '사고력과 판단력, 표현력'을 몸에 익히게 하기 위해서는 획일적 방법에만 의존하기보다 자유로운 사고와 표현을 장려하는 것이 더 효과적일 것이다.

비교수사학과 본질주의

〈그림 4〉에 제시된 문화에 따른 사고방식의 차이는 반드시 사실에 근거한 것이 아니라는 점, 그리고 규범주의에 바탕을 두고 있다는 점에서 '일본인론'과 비슷하다.

'환상 1'에서 봤듯이 지구상에는 다양한 영어 변종이 존재한다. 그런데도 영어 문화의 특징이 5단락 에세이에서 일괄적으로 나타나는 직선적인 논리라고 말할 수 있을까? 사실 직선적인 논리는 미국과 영국 표준 영어, 그것도 학교에서 주로 배우는 양식을 가리킨다. 일본 문화의 특징이 일본 다수자의 기대를 대표하는 것과 동일하다.

실제로 모든 영어 원어민이 직선적 논리를 사용하여 문장을 쓰는 것은 아니다. 앞서 언급했듯이 '읽고 쓰기'와 같은 작업은 의식적으로 학습하고 습득해야 하는 것이다. 직선적 논리를 사용하는 훈련을 충분히 하지 않으면 아무리 영어 원어민이라고 해도 바로 직선적인 문장을 쓰는 것은 불가능하다.

내가 비교수사학의 주류 이론에 의문을 가지게 된 것은 미국 대학생과 대학원생에게 일본어를 가르치기 시작할 무렵이었다. 학생들에게 일본어로 작문을 하게 했는데, 그중에는 이해하기 어려운 논리의 글과 결론이 없는 문장이 상당히 많았다. 막상 이런 결과에 관심을 가지고 연구해 보니, 외국어 작문 활동에는 모어의 작문 능력과 외국어 운용 능력, 그리고 의식적 문장 구성 능력 등 다양한 요소가 관련되어 있다는 것을 알게 되었다. 결국, 모어로 수려한 문장을 만들 수 없으면 외국어로도 수려한 문장을 쓰는 것이 불가능하며, 모어로 아무리 글을 잘 쓰더라도 기본적으로 외국어 어휘와 문법 능력이 부족하면 좋은 글을 쓸 수 없는 것이다.

때문에 '일본인이 쓰는 영어는 비논리적'이라는 주장은 옳지 않다. 특히 언어와 정보가 전 세계적으로 공유되는 요즘 같은 국제화 시대에 문화에 따른 수사법의 차이는 점점 찾아볼 수 없게 되었다. 예를 들어, 일본어로 쓰든 영어로 쓰든 상관없이 학술 논문을 쓸 때

가장 우선시되는 것은 그 글의 논리적 구성이다. 결국, 논리적인 문장 쓰기 훈련을 하지 않으면 일본어 원어민 화자도, 영어 원어민 화자도 효과적인 문장을 쓸 수 없다.

종래의 비교수사학에서는 〈그림 4〉처럼 영어는 직선적 논리, 동양 언어는 나선형 논리, 스페인어 등과 같은 라틴어는 탈선 논리, 아랍어 등의 셈어족 언어는 병렬적 논리라고 하며 각 언어의 특징을 규정지었다. 비교수사학에서는 각 언어권 문화를 획일적이고 고정적인 것으로 취급한 것이다. 그뿐만 아니라 서로 다른 문화와 언어를 우열로 평가하는 가치관이 투영되어 있기도 하다. 즉, 영어와 영어권 문화가 타 언어와 타 문화보다 우월하다는 서열화 논리가 반영되어 있다.

이런 논리는 식민주의 시대의 종주국과 식민지와의 권력 관계를 상기시킨다. 지배와 종속의 이데올로기를 답습하는 것일 수 있다. 비판적 응용언어학을 제창한 앨러스테어 페니쿡Alastair Pennycook도 그의 많은 연구를 통해 이 점을 지적했다.

포스트모더니즘으로 본 문화

포스트모더니즘도 서로 다른 두 개의 문화와 언어의 차이를 이분법적으로 설명하려는 연구에 의문을 제기해 왔다. 영어 교육의 연구 분야인 응용언어학에서는 1990년대부터 종래의 과학적 실증주의와 규범주의를 재검토하고 언어와 문화, 정체성 등을 다원적, 유동적인 것으로 다루려는 연구가 성행하기 시작했다. 또한, 개인 간, 집단 간의 차이를 본질적인 것으로 보지 않고 권력 관계에 따라 생성되고 구축된 것으로 보는 포스트구조주의적 관점을 소개하기도 했다.

앞서 말한 식민주의적 권력 관계에 대한 비판론은 탈식민주의 이론에서 제기된 문제 인식이기도 하다. 탈식민주의 이론의 대표적 연구자인 에드워드 사이드Edward W. Said는 자신의 저서 『오리엔탈리즘Orientalism』에서 식민주의 시대에 유럽과 정반대되는 동양의 이미지가 문학과 여행기 등을 통해서 만들어졌다고 보았다. '뒤늦은 전근대적 동양'과 차별된 '문명적으로 진보된 유럽'이라는 고정관념이 불평등한 권력 관계 안에서 생성되었다는 것이다. 사이드는 포스트구조주의 개념을 바탕으로 문화적 차이란 담론discourse에 의해 형성된 구축물이라고 주장했다.

'담론에 의한 문화적 차이의 구축'이라는 개념을 활용하면 비교수사학의 통설 — 영어의 사고 패턴은 직선적 논리지만, 일본어는 나선적이며 애매한 논리다 — 도 그저 여러 연구 논문 등을 통해 만들어진 이항 대립적 사고라고 설명할 수 있다. 또한, 탈식민주의 이론은 '진보된 영어 문화 VS 퇴보된 일본어 문화'라는 권력 관계도 일깨워 준다. 이 같은 우열 관계는 '영어적 표현 방법'을 습득하고자 하는 열망으로 귀결되기도 한다.

'일본인론' 역시 각종 책자와 비즈니스맨을 위한 이문화 매뉴얼

등에 의해 형성된 개념이라고 할 수 있다. 서구 문화와 비교를 통해 만들어진 일본 문화의 독자성은 일본 문화를 미화함으로써 완성되었고, 일본의 문화 민족주의를 탄생시켰다. 이는 일본의 지위를 서구와 동등하게 만들고자 한, 권력을 위한 투쟁이었다고 볼 수 있다.

본질적이고 이항 대립적인 문화 인식에 대항하는 포스트모더니즘은 문화의 다양성과 유동성에 착목하고, 특정 가치관과 견해에 고정되거나 얽매이지 않는 문화와 언어 인식을 강조한다. 그뿐만 아니라 기존의 권력 관계에 의문을 던지며 종래의 규범에서 소외된 문화와 언어, 인간 집단에 새로운 긍정적 의미를 부여하고자 했다.

영어 제국주의에 대한 비판과 미화된 일본 문화

문화 간, 그리고 언어 간에는 불평등한 권력 관계가 존재한다. 그리고 그 권력 구조는 헤게모니, 즉 지배에 대한 피지배자의 합의에 의해 유지된다. 대표적으로 일본인의 영어 학습이 서구 중심주의로 치우쳐 있는 것과 미일 동맹을 축으로 한 일본의 영어 교육을 예로 들 수 있다. 그런 헤게모니에 저항하기 위해 생성된 것이 바로 일본의 문화 민족주의이며, 바로 이것이 획일화되고 미화된 일본 문화의 이미지를 만들어 냈다. 이 구도는 영어 교육 정책에도 잘 드러나 있다.

영어의 세계 지배에 대한 비판의 목소리가 높아지고 있다. 영어가 가진 절대 권력이 세계 언어의 평등주의를 저해한다는 것이다. 응용언어학자 로버트 필립슨Robert Phillipson과 토베 스쿠트나브 캉가스Tove Skutnabb-Kangas는 1990년대부터 영어 제국주의에 이의를 제기해 왔다.

미디어, 교육, 학문, 비즈니스, 정치 등의 분야에서 영어가 가지는 국제적 지배력은 막강하다. 많은 소수 언어도 영어에 의해 사라지고 있다고 한다. 나가이 타다타카永井忠孝는『영어의 해독英語の害毒』에서 알래스카의 에스키모어가 영어로 대체되었을 뿐만 아니라 언어에 이어 문화도 소멸되고 있는 상황이라고 지적하고 있다.

쓰다 유키오津田幸男를 중심으로 일본에서도 영어 제국주의에 대한 비판이 활발히 진행되던 때가 있었다. 그러나 영어 제국주의에 대한 반동이 오히려 일본 문화와 일본어의 미화로 이어지는 결과를 초래하기도 했다. 영어 지상주의를 넘어 영어 제국주의에 위협받는 일본어와 일본 문화의 주권을 부활시키자는 주장이 나타난 것이다.

이는 언뜻 탈식민주의 운동의 한 흐름처럼 보이기도 한다. 보통 이런 흐름은 구식민지 국가와 선주민들이 주권 회복을 위해 추구하는 정체성 정치identity politics에서 찾아볼 수 있는 모습이기 때문이다. 그러나 과거 동양의 여러 국가를 식민지화하고 무력행사한 일본의 역사와 지금 일본의 부족한 역사 인식을 고려한다면, 미화된 일본 문화는 지배로부터 해방을 위한 움직임이라기보다 오히려 복고주의적 민족주의 경향을 더 강하게 보이고 있는 것 같다.

본 장에서는 '각 국가와 그 문화, 언어에는 독특함이 있는가'라는 주제에 관해서 이야기해 왔다. 독특함이 있다는 것은 각 국가와 그 문화, 언어 간에 명확한 차이가 존재한다는 것을 의미하며 그 차이는 객관적 사실이라고 인식하는 태도에 있다. 하지만 실제로 관찰, 연구해 보면 천편일률적으로 "반드시 그렇다."라고 말할 수 없음을 알게 된다. 특히 언어 교육에서 자주 언급되는 문화 이해 또는 문화라는 개념에 복잡한 이데올로기와 권력 관계가 작용하고 있다는 점을 간과하지 말아야 한다.

그렇다면 외국어 교사와 학습자는 문화를 대체 어떻게 이해해야 할까? 여기서 나는 4D 접근법을 주장한다. 4D의 D는 Descriptive(understanding), Diversity, Dynamic(nature), Discursive(construction)의 첫 글자에서 따온 것이다.

우선, Descriptive(understanding)는 문화의 '기술적 이해'를 의미한다. 문화를 기존 지식의 틀에서 바라보는 것이 아니라 실제 사람들의 행동과 사회의 구조를 관찰하고 이를 바탕으로 이해하려는 접근법이다. 이를테면 영어 문장에서 직선적 논리 표현이 두드러지는지를 확인하기 위해 실제로 여러 문장을 분석해 보는 것이다. 일본어의 경어 또는 여성어/남성어에 주목하여 언제, 어디에서, 누가, 어떻게 그런 표현들을 사용하는지를 관찰해 보는 것도 재미있는 연구가 될 것이다. 오카모토 시게코岡本成子가 언급한 것처럼 지역 방언 외에 화자와 청자의 사회적 지위와 상황에 따라 언어가 어떻게 다르게 사용되는지, 언제 어떻게 규범에서 벗어난 언어들을 사용하는지 관찰하는 것도 흥미로운 연구가 될 것이다.

다음으로 Diversity는 '다양성'이다. 이미 설명했듯이 문화와 언어에는 온갖 다양성이 존재한다. 특정 문화적 현상이 지역, 나이, 민족, 사회적 지위 등에 따라 어떻게 다른지, 그 다양성을 관찰할 필요가 있다. 대표적으로 앞서 거론했던 '식食'문화와 지역 축제도 흥미로운 주제일 것이다.

Dynamic(nature)은 문화와 언어의 '역동성'을 말한다. 문화와 언어는 항상 변한다. 역사학자 에릭 홉스봄Eric Hobsbawm과 테렌스 레인저Terence Ranger는 그들이 저술한 『만들어진 전통The Invention of Tradition』에서 우리가 수백 년 동안 이어 왔다고 믿는 전통 중에는 근대 국가에 의해 만들어진 것도 많다고 지적한다. 신전결혼神前結婚, 일본의 전통혼례도 그중 하나로, 실제 그 역사는 백 년 정도밖에 되지 않았다.

마지막으로 Discursive(construction)는 문화의 특징을 객관적 사실이 아닌, '말 또는 이야기에 의한 구축물'이라고 보는 견해다. 예를 들어 전후 성행했던 '일본인론'은 전후 일본의 경제적 약진 원인과 일본식 비즈니스 방식을 설명하는 과정에서 널리 퍼지기 시작했다. 지식인들이 쓴 저서와 이문화 이해를 위한 비즈니스 매뉴얼이 매개체가 된 것이다. "문화는 ○○이다."라는 글을 읽거나 그런 말을 들었을 때, 우리는 그것이 사실인지 아닌지를 확인할 수 있는 비판적 사고 능력을 키울 필요가 있다.

K-환상 ⑤

성실하고 의견을 잘 표현하지 않는 동양인?

5장에서는 '일본 문화'와 '미국 문화' 같이 특정 국가의 문화로 인식되는 것들이 실제로는 고정적인 것이 아니라 다양하고 유동적이라는 것을 여러 사례를 통해 살펴보았다. 또한 영어권 문화가 타 언어와 타 문화보다 우월하다는 논리를 비판하고, 각 나라의 문화와 언어의 독자성을 인정해야 한다고 주장한다.

일본과 한국은 지리적으로 가깝고, 역사적으로 밀접하게 연관되어 있어서 많은 공통점을 지닌다. 하지만 한 국가 내에서도 개인의 성향 및 소속된 집단에 따라 공유하는 문화가 다르기에 앞에서 밝힌 것처럼 특정 국가의 국민성 혹은 문화의 특성을 일반화하여 설명하기는 어렵다.

예를 들어, 내가 미국과 캐나다에서 거주할 때 대학원에서 함께 공부했던 외국인 동료들은 한국인과 일본인을 특별히 구분 짓지 않고, 우리를 비슷한 동양인으로 여기곤 했다. 나는 그들과 대화를 통해서 그들에게 있어 동양인 유학생들은 한국인이든 일본인이든 관계없이 '자기주장을 뚜렷하게 하기보다는 주위 시선을 많이 고려하며, 'No'라는 말을 잘 하지 않고, 맡은 업무를 성실하게 하는 이미지'라는 것을 알 수 있었다. 하지만, 만약 같은 외국인 동료가 수준 높은 교육을 받은 동양인 유학생 아닌 동양인을 학교 밖에서 만나더라도 과연 동양인에 대해 같은 이미지를 떠올릴지는 알 수 없다. 누구를 만났는지, 어떤 교육을 받았는지, 또 다른 문화에 얼마나 노출이 되었는지 같은 개인적 경험에 따라 타 문화와 언어에 다른 인상을 받기 때문이다.

    일상적으로 특정 문화에 대한 인식은 고정된 것이라 여기지만, 실제로 이 인식은 다양하고, 역동적이고, 상대적이다. 영어 학습자들이 영어권 문화, 특히 영미 문화를 더 우월하게 여기거나 비영어권 문화에 대한 선입견을 갖는 것을 방지하기 위해서는 학생들에게 다양한 문화적 경험을 제공하는 것이 필요하다. 특히 세계의 축제 소개처럼, 각 국가의 단편적인 문화 정보를 쇼케이스처럼 소개하는 것보다 특정 영어권·비영어권 국가의 언어, 종교, 거주환경, 문화, 풍습, 날씨 등의 정보를 포트폴리오처럼 총체적으로 다룰 수 있는 수업 기회가 있다면 좋을 것이다. 또한 학생들에게 다양한 언어적, 문화적 배경을 가진 영어 화자들이 영어로 의사소통하는 다양한 상황을 예로 보여 주고, 그들의 다양한 영어 발음을 들려주는 것 역시 전 세계 다양한 영어 사용자에 대한 이해도를 높이는 방법 중 하나이다.

영어만 하면 세계 어디에서나
의사소통이 가능하다

　"영어는 국제어이므로 영어만 습득하면 세계 어느 나라 사람과
도 의사소통이 가능하다."라는 논리는 이제 상식에 가깝다. 일본의
외국어 교육 정책에서도 이 논리를 전제로 정책 방향을 설정하고, 반
복적으로 제시한다. 예를 들어 2003년 일본 문부과학성은 "'영어를
구사할 수 있는 일본인'을 육성하기 위한 행동 계획"을 발표하고, 대
학센터시험(일본의 수능 시험)에 듣기평가 도입과 초등학교에 외국
어(영어) 활동 지원, 수퍼 잉글리쉬 랭귀지 하이스쿨SELHi 사업을 제
안했다. 문부과학성은 세계화로 인해 국제 상호 의존성이 높아졌기
때문에 '행동 계획'에 영어 습득은 반드시 필요하다고 명시했다.

　이 같은 상황에서 영어는 모어가 다른 여러 국적의 사람들
을 연결하는 국제 공용어 역할을 하므로 21세기를 살아가는 어

린이들이 국제 공용어인 영어 능력을 갖추는 것은 필수적이다.

약 10년 후인 2014년에 발표된 '영어 교육 본연의 모습에 관한 지식인 회의' 보고서인 「향후 영어 교육 개선과 실행 방안에 대한 보고 – 글로벌화에 대응한 영어 교육개혁을 위한 5가지 제언」에도 비슷한 내용이 담겨 있다.

앞으로 개개인에게 타 문화에 대한 이해와 타 문화와의 교류는 점점 더 중요해질 것이다. 따라서 국제 공통어인 영어 능력을 키우는 것은 일본의 미래를 위해서 반드시 필요한 일이며, 아시아에서 최고의 영어 능력을 갖춘 인재를 육성하고자 노력할 필요가 있다. (중략) 물론, 세계화 흐름에 대응하기 위해 영어 습득만 요구되는 것은 아니다. 우리 나라(일본)의 역사와 문화 등에 관한 교양 지식과 더불어 사고력, 판단력, 표현력 등을 갖추고 정보와 생각을 적극적으로 발신하면서 상대와 의사소통을 할 수 있어야 한다.

이 보고서에서는 세계화 흐름을 따라가기에 영어 능력만으로는 충분하지 않으며, 일본 역사와 문화에 관한 지식과 사고력도 겸비해야 한다고 강조한다. 그러나 이는 이문화 커뮤니케이션을 위해 필요한 언어는 영어만으로도 충분하다는 것을 전제로 한다. 정말 그럴까?

본 장에서는 이 의문에 답하기 위해 내 연구의 일환으로 진행했던 일본계 기업 해외 주재원들과 인터뷰한 내용을 살펴보고자 한다.

영어 사용 인구

전 세계에서 영어를 사용하는 인구는 모두 몇 명 정도일까? 영국의 언어학자 데이비드 그래들David Graddol이 2006년 영국문화원The British Council에 제출한 보고서에 따르면, 세계 인구의 1/4 정도가 영어를 사용한다고 한다. 개인의 판단에 따라 그 수가 많다고 생각하는 사람도, 적다고 생각하는 사람도 있을 것이다. 하지만 이를 바꾸어 생각해 보면, 세계 인구의 3/4이 영어를 모어로도, 제2언어로도 사용하고 있지 않다는 말이 된다. 전 세계적으로 영어를 할 수 있는 사람보다 못하는 사람이 압도적으로 많은데도 우리는 '영어는 국제 공용어'라는 명제에 쫓기며 영어 교육을 추진하고 있다.

여기 흥미로운 에피소드가 하나 있다. 2020년 도쿄 올림픽 개최가 결정되고 얼마 되지 않았을 무렵인 2014년, 당시 도쿄 도지사였던 마스조에 요이치舛添要 가 러시아 소치 동계 올림픽 시찰을 마치고 돌아와 기자 회견을 가졌다. 그리고 다음과 같은 말을 했다.

러시아에서 정말 힘들었던 것은 러시아어밖에 통하지 않았던 것입니다. 처음 가 본 나라에서 그 나라의 특산물을 사러 가면 우리는 보통 하나, 둘, 셋 정도는 말할 수 있지만… (중략) 어쨌든 러시아어 말고는 전혀 통하지 않는 상황이었습니다. 일본에서도 이와 똑같은 일이 생기면 안 되기 때문에 예전부터 말해 온 것처럼 통역 자원봉사나 영어 회화 교실 같은 것을 적극적으로 추진하는 것이 좋다고 생각합니다.

러시아어 밖에 통하지 않던 소치 올림픽과는 달리 도쿄 올림픽에서는 영어가 통해야 한다는 내용이다. 그런데 문제는 도쿄 올림픽을 관전하기 위해 소치에서 도쿄에 오는 러시아 사람들은 러시아어만 할 가능성이 크다는 것이다. 그렇다면, 그에 대한 대책은 무엇인가? 도쿄에 오는 러시아 사람에게도 영어를 배우라고 할 것인가?

마스조에의 발언을 아무런 의문 없이, 당연한 것으로 받아들이게 되는 배경에는 "영어는 국제 공용어이니까 모두가 습득해야 한다."라는 이상한 논리가 있다. '영어는 국제 공용어'라는 명제를 비판 없이 수용하기보다는 글로벌 커뮤니케이션을 활성화하기 위한 방법을 재검토해 볼 필요가 있을 듯하다.

영어는 누가 사용하는가?

영어를 사용하는 전 세계 사람들 사이에는 다양성이 존재한다. 중심원 국가 영어 화자보다 중심원 이외의 영어 화자가 수적으로 더 많다는 것은 이미 '환상 1'에서 언급했다. 영어 비원어민 화자의 수도 원어민 화자의 수보다 압도적으로 많다. 또한, 외주원과 확장원 국가에서 영어를 할 수 있는 사람은 보통 교육 수준이 높은 경우가 많다.

최근 세계적으로 수업을 영어로 진행하는 학교, 대학, 프로그램 등이 늘어나고 있다. 하지만 실질적으로 이런 교육적 혜택을 받을 수 있는 사람은 어느 정도 경제력이 있는 가정의 자녀들에 국한될 것이다. 일본 내외를 불문하고 이런 가정에서 태어나고 자란 사람들은 비교적 안정적인 직업을 얻을 확률이 높다. 이들 중에는 외국계 기업이나 해외 지사가 있는 기업 등에서 일하는 사람도 있을 것이다. 이때, 그들에게 영어 실력은 꼭 필요한 요소이다. 국제 공용어의 수단으로 영어가 필요한 사람은 보통 상류층에 속하는 사람들임을 알 수 있다. 하지만 이는 동시에 일본 내에서 영어를 일상적으로 사용하는 사람이 극소수에 지나지 않는다는 것을 의미하기도 한다.

테라자와 타구노리寺沢拓敬는 자신의 저서『일본인과 영어의 사회학: 왜 영어 교육론에는 오해뿐일까? 日本人と英語の社会学──なぜ英語教育論は誤解だらけなのか』에서 일본인의 영어 사용에 대해 조사한 결과를 다음과 같이 분석·검증했다. 우선 2002년과 2003년에 수집한 데이터에

따르면 일 때문에 영어를 "자주 사용한다." 또는 "가끔 사용한다."라고 응답한 사람이 미취업자를 포함하여 전체의 6%에 그쳤다. 2006년과 2010년의 데이터에서도 과거 1년 동안 일 때문에 영어를 사용한 적이 있다고 답한 사람은 12.4%였다.

이 두 결과에서는 영어 사용의 목적을 취미와 오락이라고 답한 사람이 가장 많긴 했지만, 어떤 목적으로도 영어를 거의 사용하지 않거나 전혀 사용하지 않는다고 한 사람이 절반 이상을 차지했다. 2011년 나루게 마코토成毛眞는 90%의 일본인은 (비즈니스 목적으로) 영어가 필요 없다고 주장한 적이 있는데, 나 역시 그의 주장이 터무니없는 주장은 아니라고 생각한다.

그렇다면 일본 국내가 아닌 해외에서 하는 비즈니스는 어떨까? 국제 공용어인 영어만 잘하면 충분할까? 앞서 언급한 '지식인 회의'의 보고서에는 영어 능력 이외에 "우리(일본) 역사와 문화 등의 교양 지식, 사고력, 판단력, 표현력 등도 갖출" 필요가 있다고 적혀 있는데, 영어가 아닌 다른 언어에 대해서는 어떠한 언급도 없다. 영어와 일본 문화만 잘 알면 충분한 것인지 검토해 볼 필요가 있어 보인다.

나는 몇 년 전부터 해외 현지 법인을 가진 일본계 기업에서 해외 주재원으로 일해 본 적이 있거나 현재 일하고 있는 일본인을 대상으로 하는 연구를 해 왔다. 인터뷰 조사 방식으로 직장에서의 언어 선택과 동료들과의 의사소통 방법에 대해 살펴보았다. 그 결과를 소개하면서 '오직 영어만 국제어'라는 환상에 대해서 고찰해 보려 한다.

해외 주재원들의 언어 선택

연구 대상은 제조업에 종사하는 사람들로 한정했는데, 이는 해외에 진출해 있는 일본 회사 중 제조업계의 회사가 수적으로 많을 뿐만 아니라, 제조업에서는 생산부터 판매까지 폭넓은 업무를 수행하기 때문에 다양한 상황에서 사용하는 의사소통 전략을 조사할 수 있을 거라 판단했기 때문이다.

해외 주재원이 사용하는 언어는 그들이 파견된 나라에 따라 다양하다. 일반적으로 북미 같은 중심원 국가나 싱가포르 같은 외주원 국가에 파견된 사람들은 직장에서 영어를 사용할 것이다. 그렇다면 확장원 국가는 어떨까?

'환상 1'에서 살펴본 ELF 연구는 영어 비원어민 화자끼리 영어로 의사소통을 하는 상황에 초점이 맞춰져 있다. ELF 연구를 따른다면 확장원 국가에서 일하는 영어 비원어민 화자, 일본인 주재원과 현지 사원도 영어로 의사소통할 가능성이 커야 한다. 실제로 정말 그럴까?

이 연구에서는 비영어권 아시아 국가, 특히 중국, 한국, 태국을 연구 대상으로 선정했다. 2010년부터 2016년 사이 해당 국가에 주재하고 있거나 주재한 경험이 있는 일본인 사원을 대상으로 일본과 현지에서 인터뷰 조사를 진행했다. 인터뷰에서는 일을 수행하기 위해서 어떤 언어를 사용하는지, 직장 내 의사소통과 관련해 어떤 경험이 있는지, 국제 사회에서 일하기 위해서 필요한 능력, 자질, 태도가 무엇이라고 생각하는지에 대해서 물었다.

물론 기업들과 개인적 인맥이 없었기 때문에 인터뷰 대상자를 찾는 데부터 어려움이 있어 직접 기업에 연락해서 협조를 부탁했다. 인터뷰 대상자는 각 기업의 담당자로부터 소개받았고, 인터뷰는 회사 (일본 본사 또는 해외 현지 법인)에서 할 때가 많았다. 따라서 인터뷰 내용에는 기업이 선호하는 견해가 반영되어 있을 가능성도 있다는 것을 미리 말해 두고 싶다.

총 35명을 대상으로 인터뷰를 진행했다. 참여자 대부분은 20대부터 50대 사이에 속했으나, 60대의 정년 퇴직자도 일부 포함되어 있었다. 대부분이 남성이었고 여성은 단 세 명뿐이었다. 일반적으로 제조업은 남성 사원의 비율이 높은데, 해외 주재원도 마찬가지였다.

'영어는 여성을 구출하는가英語は女を救うのか'라는 키타무라 아야北村文의 책 제목처럼 여성이 영어를 배우면 경력에 유리하다는 말이 있는데, 앞서 소개한 테라자와 타구노리의 연구 결과와 마찬가지로 직장에서 영어를 사용하는 것은 여성보다 남성이 더 많은 듯하다.

이번 연구의 대상이 된 세 나라는 모두 비영어권 국가지만, 많은 점에서 차이를 보였다.

나라마다 언어 선택에 있어서 일정한 성향을 보이기는 했지만, 같은 직장 내에서도 몇 가지 요소에 따라 사용하는 언어가 달라지기도 했다. 그렇기 때문에 "○○ 나라에서는 ○○ 언어를 사용한다."라고 간단히 말하기는 어렵다.

마찬가지로 영어권 국가인 북미 해외 지사에서 일하는 일본인이 항상 영어만 사용한다고 단정 지을 수는 없다. 호주 지사에 근무하는 '상사맨商社man'에게 그의 경험을 들을 기회가 있었다(참고로 그는 내 연구 참여자는 아니었다). 그는 자신이 속한 회사의 현지 사원들이 모두 영어 원어민 화자는 아니라고 했다. 영어 외의 다른 언어를 사용하는 사원들은 모두 전체 미팅일 때를 제외하면 자신들의 모어로 의사소통을 한다는 것이다. 그렇게 하는 편이 업무의 효율성도 더 높다고 했다. 다음으로 언어 선택을 좌우하는 요인에 대해서 살펴보자.

언어 선택을 좌우하는 요인

언어 선택을 좌우하는 요인에는 네 가지가 있다. 첫째는 '로컬local 요인'이다. 일본을 예로 들면, 일본어가 가능한 현지 사원이 있는가, 그 나라에 일본어 교육이 어느 정도 보급되어 있는가와 같은 요인들이다. 이는 일본어뿐만 아니라 영어도 마찬가지다. 영어 교육은 전 세계적으로 이루어지고 있기에 어느 국가에 가더라도 어느 정도 영어를 할 수 있는 현지 사원 찾기란 그리 어렵지 않다. 단, 영어 실력에 따라 의사소통에 미치는 영향은 다를 수 있다.

두 번째 요소는 '업무의 종류'이다. 해외 지사에 있어도 다른 일본인 주재원이나 출장 온 사람들과 교류하는 일이 많거나 일본 본사와 연락하는 것이 주요 업무일 경우에는 일본어가 주 사용 언어가 된다. 그러나 현지에서 생산한 제품을 다른 나라로 출하하고 판매하는 일을 할 때면 영어가 필요하다. 제품을 현지 고객에게 판매하거나 수리하는 등의 제품 서비스 업무를 할 때면 현지어 사용 빈도가 더 높아진다. 공장에서 현지 노동자들을 지도·감독해야 할 경우에도 현지어의 필요성이 더욱더 커지는 듯하다. 중국 지사에서 일한 경험이 있는 사원은 "우리 회사의 기계가 작동하고 있는 현장에 가까워지면 가까워질수록 그 지역 언어가 더 필요해진다고 생각하시면 될 것 같습니다."라고 말해 주었다.

세 번째는 각 주재원의 '개인적 요인'이다. 여기에는 개인의 언어 능력과 다언어에 대한 개인의 태도가 포함된다. 예를 들어 현지어를 사용하고 싶어도 현지어 능력이 없으면 모어나 영어를 사용하거나 통역에 의존하게 된다. 이런 예가 있었다. 싱가포르에서 중국으로 전근을 가면 영어 환경에서 중국어 환경으로 바뀌게 되는데, 영어에 너무 익숙해진 주재원은 중국에 가서도 영어에 의존하려는 경향이 컸다고 한다. 반대로 영어를 능숙하게 하지 못하는 주재원이 일본에서 중국으로 바로 파견가게 되면 그 주재원의 중국어가 아주 능숙해졌다고 한다.

태국 주재원에게서도 비슷한 이야기를 들을 수 있었다. 토익 점수를 '200점 정도' 밖에 받지 못한 동료가 태국 지사에 파견을 왔는데, 지금은 태국어가 능숙해져서 태국 사원을 동반하지 않고도 혼자서 영업을 다닐 수 있을 정도가 되었다고 한다. 주재원마다 개성이 다르고 새로운 언어를 배우려는 의지에 차이가 있어 언어의 선택도 달라지는 듯하다.

네 번째로 '언어적 요인'이 있다. 예를 들어 중국어와 일본어는 한자를 공유하고 있다. 따라서 말이 통하지 않을 때는 필담, 즉 한자를 써서 의사소통하는 것이 가능하다. 한자를 보고 문장 내용을 추측하는 것도 가능하다. 그런데 태국어는 문자 표기가 일본어와 완전히 다를 뿐 아니라 문법, 발음, 어휘도 일본어와 비슷한 부분이 없다. 결국 태국 현지 사원이 일본어를 하지 못하면 서로 영어에 의존하는 수밖에 없다.

다음은 세 나라에서 근무한 일본인 주재원들이 어떻게 언어를 선택하는지에 대해 보다 구체적으로 살펴보도록 하자.

중국의 경우

중국에는 일본 기업의 현지 법인이 많다. 2015년 일본 경제산업성이 실시한 일본 기업의 현지 법인 수 조사 자료에 따르면 중국(홍콩 포함)이 31.3%로 가장 많았다. 심지어 중국을 포함한 아시아에 진출해 있는 일본 기업 수는 66.7%로, 북미(13%), 유럽(11.7%)과 큰 차이를 보였다.

    그렇다면 중국에 주재한 경험이 있는 일본인 사원들은 어떤 의사소통 경험을 했을까? 네 곳의 서로 다른 현지 법인에서 일하는 11명의 일본인과 인터뷰를 했는데, 주로 일본어, 중국어, 영어를 사용했다고 답변했다. 장소와 대화 상대에 따라서 언어 선택이 달라진다는 답변도 있었고, 여러 언어를 섞어서 쓴다는 답변도 있었다.

    중국에선 일본보다 더 영어 교육 열풍이 불고 있다. 따라서 영어를 능숙하게 구사할 수 있는 중국인 사원이 있을 뿐만 아니라 중국 이외의 나라와 빈번히 연락해야 하는 경우에는 영어 사용의 빈도가 잦아지기도 한다. 그럼에도 불구하고 일본어가 가능한 중국인 사원들도 상당수 존재해 사실상 일본인 주재원이 일본어로 일하는 데 전혀 지장이 없다고 했다.

    중국뿐만 아니라 다른 조사 국가에 주재하는 일본인 사원들도 자신들이 주재하고 있는 나라의 말을 조금씩은 사용할 수 있다고 했다. 현지에서 일하면서 겪는 사건들과 인상적인 경험을 통해 현지어 학습의 필요성과 유용성을 실감하게 되는 일도 있다고 한다. 예를 들어 중국, 홍콩, 대만에서 일한 경험이 있는 어떤 사원은 북경어(중국 표준어)를 배우고 나서 "세계가 더 넓어진 느낌이 들었다."라고 했다. 그 사원은 "3일 동안 연달아 택시를 탄 적이 있는데, 탈 때마다 제가 말한 목적지와 다른 곳으로 데려다 주더라고요."라고 말하며 북경어를 배우게 된 계기를 밝혔다. 사장 정도의 직급이 아니면 통역사를 붙여 주지 않기 때문에 현지 언어를 하지 못하면 생활이 거의 불가능하다는 것이다.

영어를 주로 사용했다는 사원 한 명은 "현지 사원 중에는 영어보다 일본어를 더 잘하는 사람도 있고, 영어는 물론 일본어도 못 하는 사람도 있기 때문에 상황에 따라서 중국어를 사용할 때도 있었다."라고 회상했다.

주로 일본어를 사용했다는 주재원들은 중국인 사원들의 능숙한 일본어 실력을 주요 원인으로 꼽았다. 심지어 한 사원은 대학 시절에 중국에서 유학한 적이 있어서 중국어를 구사할 수 있었음에도, 일본어를 구사할 수 있는 중국인 사원이 있었기 때문에 일본어만을 사용했다고 답했다.

중국어를 주로 사용했다는 주재원 중 한 명은 본사가 중국 대학으로 약 1년간 어학연수를 보내 주었다고 답했다. 또 다른 사원은 처음에는 중국의 직장 환경에 상당히 부정적인 태도를 가졌으나, 선배의 적극적 태도에 자극을 받아 중국어를 배우기 시작했다고 했다. 덕분에 귀국 직전에는 중국인 사원과 대화의 60% 정도는 중국어로 의사소통을 할 수 있게 되었다고 했다.

이처럼 중국 주재 일본인들의 사용 언어는 업무 내용, 대화 상대, 개인적 요인에 따라 달랐으며, 영어만 사용하는 것은 결코 아니었다.

태국의 경우

태국어는 일본어와 많이 다르다. 또한 태국에서는 중국만큼 일본어 교육이 보편화되어 있지 않아 일본어가 능숙한 현지 사원도 거의 없다. 그래서 인터뷰에 응한 12명의 주재원들은 일본인일 때는 일본어를 사용했지만 이를 제외하면 대부분 영어를 주로 사용한다고 답했다.

본 연구에서는 일본인 주재원뿐만 아니라 현지 사원들과도 인터뷰를 진행했는데, 일본어와 영어 중 어느 언어로 인터뷰를 하고 싶은지 물었더니 모든 태국 사원이 영어로 인터뷰하기를 희망했다. 일본어를 선호했던 중국, 한국의 현지 사원들과 비교하면 상당한 차이인데, 이는 현지 국가의 일본어 보급 상황과 영어 사용이 반비례한다는 것을 시사한다.

사실 주로 영어를 사용한다고 해도 사무실의 일반 업무를 위해 필요한 영어는 그렇게 높은 수준의 것이 아니다. 업무 패턴이 정해져 있고 필요한 영어가 어느 정도 예측 가능하기 때문이다. 예를 들어 경리 업무를 담당하는 사원은 "회계 일은 기본적으로 사용하는 단어들이 항상 비슷"하고 통하지 않으면 종이에 쓰거나 차트를 보면서 설명한다고 했다. 인터뷰를 통해 이런 의사소통 전략이 상당히 중요한 수단으로 사용된다는 것을 알 수 있었다. 이 점에 대해서는 다음 장에서 더 자세히 살펴보도록 하자.

영어로 의사소통을 하는 상대는 보통 현지의 매니저나 팀장 정도의 직위를 가진 사람들이다. 그 이하의 직위를 가진 사람은 영어를 못하는 경우가 많아 태국어로 의사소통을 한다고 한다. 하지만 현지 사원에게도 영어는 모어가 아니므로 완벽한 의사소통이 어려울 때가 있다고 한다. 이는 '환상 1'에서 언급한 ELF의 특징과도 같다. 그러므로 여기서도 의사소통 전략이 중요해진다.

태국 현지 법인에서는 중국에서보다 영어 사용 비율이 높았지만 일본어를 주로 사용했다는 사원도 세 명 있었다. 그중 한 명은 현지 법인의 사장으로, 일본과 연락하는 경우가 많았기 때문에 일본어 사용의 비율이 70%에 가까웠다. 그 밖의 상황에서는 주로 영어를 사용했다고 했다. 또 다른 한 명은 공장 설립 시기부터 태국에 부임해 온 사원으로, 일본어 통역이 있었기 때문에 영어와 태국어를 사용할 필요가 없었다고 답했다. 그렇지만 그 사원은 태국어를 배웠다고 한다. 태국에 부임하고 6개월 후, 결혼식 축사를 부탁 받아 태국어로 번역한 원고를 암기해서 5분 동안 축사를 해야 했기 때문이다.

일본어를 주로 사용했다는 나머지 한 명은 고등학교를 졸업하고 기술직 사원으로 태국에 부임한 사원이었다. 이 사원은 태국 부임 직전 중국에서 7년 반 정도 일한 적도 있다고 밝혔다. 앞에서 언급했듯이 공장에 근무하는 기술직 사원은 현지어 구사 능력이 필요하다. 현지 공장 노동자는 사무실 직원과 달리 일본어도, 영어도 전혀 하지 못하기 때문이다. 중국에 있었을 때는 중국어를 배워 의사소통했지만, 태국에 온 이후에는 중국어와 태국어 발음이 혼동되기도 하고 3년이라는 짧은 주재 기간 때문이었는지 태국어가 좀처럼 늘지 않았고, 결국 통역사를 고용하게 되었다.

태국에 있는 일본 제조 기업의 거래처는 대부분 일본계 기업이다. 즉, 태국 공장에서 생산한 제품을 태국에 있는 일본계 기업에 팔거나 사는 구조이다. 이 경우 해외에 나가 있어도 거래 시 주로 일본어를 사용한다.

태국어를 꽤 사용했다고 답한 사원도 두 명 있었는데, 태국어, 영어, 일본어를 장소에 따라 섞어서 사용했다고 한다. 둘 다 공장에 근무하는 사원이었는데, 한 명은 제조 관리자였다. 그 관리자는 처음에는 태국어를 전혀 할 수 없었지만, 지금은 현장에서 태국어로 지시를 할 수 있을 만큼 어느 정도 듣고 말할 수 있게 되었다. 또 다른 한 명은 공장 재고 관리와 제품 출하를 담당하는 사원이었는데, 보통 영어만으로도 충분히 의사소통이 가능할 거라 생각하지만 실제 현장에서는 보통 영어와 태국어를 섞어서 이야기하거나 태국어로 대화를 한다고 했다. 단, 두 사람 모두 읽고 쓰는 것은 영어로 한다고 답했다.

요약하면 태국에서는 영어에 의존하는 경향이 크지만, 그래도 직장 안에서 태국어와 영어를 둘 다 사용하면서 의사소통을 하는 경우도 확인할 수 있었다.

한국의 경우

　한국은 일본과 비슷하게, 혹은 일본보다 더 영어 열풍이 대단한 나라다. 이와부치 히데키의 말에 따르면 한국에서는 취업할 때 학력, 성적, 유학 경험, 그리고 토익 점수 등이 포함된 '스펙'이 중요하다고 한다. 중산층 이상의 가정에서는 아이들이 엄마와 함께 영어권 나라에 유학 가는 것이 유행인데, 이처럼 1년에 한두 번 정도 가족을 만나기 위해 기러기처럼 바다를 건너 이동하는 가족을 '기러기 가족'이라고 한다. 영어에 대한 한국의 열정을 생각하면 한국의 현지 법인에서는 영어 사용 비율이 높지 않을까 하는 생각이 들었다. 그러나 실제로 한국 주재 일본인 사원 12명을 인터뷰한 결과, 그들 모두가 영어가 아닌 일본어를 주로 사용한다는 것을 알 수 있었다. 그중 한 명은 엔지니어로 공장에서 근무했는데, 현지 사원 중에 일본어가 가능한 사람이 있었기 때문에 98%가 일본어, 나머지 2% 정도가 '인사' 정도의 짧은 한국어였다. 또 한 명은 기술직에 종사하는 주재원이었는데, 그 사람도 일본어가 가능한 현지 사원이 있었기 때문에 일본어로 의사소통한다.

　주재원이 모두 일본어를 사용한 이유는 간단하다. 한국인 현지 사원이 일본어를 할 수 있었기 때문이다. 한 회사는 일본어 가능 한국인을 별도로 채용하진 않았지만, 입사 후 일본어를 배우도록 장려했다. 또 다른 현지 법인에서는 한국인 사원의 승진 자격에 일본어 능력이 포함되어 있기 때문에 사원들이 어쩔 수 없이 일본어를 습득해야만 했다.

실제로 한국인 사원 세 명과도 인터뷰를 했는데, 한 명은 일본에서 유학한 경험이 있었고 또 다른 한 명은 일본의 본사에서 일한 경험이 있었다. 마지막 한 명은 일본에서 살아 본 적은 없지만 흥미로운 경력을 가지고 있었다. 그는 이전에 한국 IT 기업에서 근무했는데, 그 기업이 지금의 일본계 기업과 합병되면서 그 기업에서 일하게 되었다. 대학에서 일본어를 배운 경험도 없었던 그는 독학으로 일본어를 공부했다. 내가 현지 사원들과 인터뷰를 한 시간은 보통 30분에서 40분 정도였는데, 이 사원은 이야기하는 것을 좋아해서 그 두 배의 시간을 할애했다. 일본어 표현이 전부 다 정확하진 않았지만 독학으로 그만큼의 대화를 막힘없이 이끌어 갈 수 있다는 것에 놀라움을 금치 못했다.

또, 그는 영어도 할 수 있어서 계열 그룹과의 글로벌 IT 회의에서는 영어를 사용했다. 매달 일본, 한국, 중국, 싱가포르 담당자와 온라인 화상 회의도 하는데, 그때는 일본어로 자료를 준비하고 질문도 일본어로 하지만 발표는 영어로 한다고 했다. 그는 영어 사용을 통해 글로벌화를 촉진시키고자 한 본사 사장의 의도가 반영된 결과라고 말했다.

한국에 주재한 경험이 있는 한 일본인 사원은 기본적으로 일할 때는 일본어를 사용했지만 고객이 영어를 사용할 때에는 영어로 응했다고 답했다. 이처럼 일본어 사용 빈도가 압도적으로 많고 영어 사용이 상대적으로 많지 않았던 것은 다음과 같은 세 가지 '개인적 요인'이 반영된 결과인 듯하다. 그 세 가지 '개인적 요인'이 흥미로워 소개한다.

한 주재원은 다른 해외 거점으로부터 "여기서는 영어를 사용하는데, 왜 한국에서는 일본어를 사용하냐."며 영어 사용을 강요당한 적이 있었는데, 그 사건은 그에게 상당히 폭력적으로 느껴졌다. 하지만 이 배경에는 한국만의 특수한 사정이 있다. 이 연구에 참여한 한국의 일본계 기업은 대부분 한국에서 생산한 부품을 주로 한국 기업에 납품한다. 따라서 생산에서 판매까지 모두 한국 내에서 완결될 경우가 많을뿐더러 한국은 일본어 교육 보급률이 높아서 영어의 필요성도 낮다.

한편, 오랜 기간 중동, 아시아(인도네시아), 오세아니아주에 주재한 경험이 있는 한 은퇴 사원은 해외 법인에 있었을 때 주로 영어를 사용했다. 그래서 한국 현지 법인의 일본어 환경에는 위화감이 들었다고 밝히며 "철저한 글로벌화를 위해서는 영어를 기본으로 한 의사소통이 필요하지 않을까요?"라는 말을 덧붙였다. "자신이 주재한 나라에서 손님이 와서 첫 대면을 할 때 어느 나라 언어로 인사를 합니까?"라는 질문에 모든 인터뷰 참가자가 "현지어"라고 답한 데 반해, 이 은퇴 사원은 상대가 무슨 언어를 할 수 있는지 모르기 때문에 영어로 인사를 한다고 답했다.

최근에 은퇴한 또 다른 사원은 약 18년간 한국에 살았는데, 어떤 사건이 계기가 되어 부임한 지 10년이 되던 해부터 한국어를 본격적으로 공부하기 시작했다. 그 계기는 휴가로 상하이에 갔을 때의 일이었다. 그 사원은 같은 회사의 상하이 지점에서 근무하는 주재원이 중국어를 능숙하게 하는 것을 보고 대단하다는 생각에 칭찬했더니 "주재원으로서 당연한 일이다."라는 대답을 들었다. 그는 당시 한국어 능력이 거의 제로였던 자신의 모습이 부끄러워져서 그 후 열심히 한국어 공부를 했다.

다음으로 한국에서 일본어가 많이 사용되고 있는 것에 대해 좀 더 자세히 고찰해 보자.

해외의 일본어 교육 현황도 관련이 있다

지금까지 살펴봤듯이 해외 파견 업무에서 사용되는 언어가 반드시 영어는 아니다. 현지어가 꼭 필요한 일도 있기 때문에 영어가 만능은 아니다. 업무 효율을 높이기 위해서는 일본어도 유용한 수단이 된다. 따라서 영어 교육에만 신경 쓰면 효과적인 글로벌 커뮤니케이션을 위해 필요한 요소들, 특히 '로컬 요인'들을 놓칠 수 있다. 우리가 고려하지 않으면 안 되는 또 하나의 요인은 바로 일본어 교육의 현황이다.

일본에 사는 유학생과 기능 연수생 이외에도 해외에서 일본어를 배우는 학생들은 많다. 국제교육기금이 3년마다 실시하는 '해외 일본어 교육기관 조사'가 있다. 〈표 1〉을 보면 2015년 일본어를 공부하는 학습자가 가장 많은 곳은 중국이고 그다음이 인도네시아, 한국, 호주 순이다.

〈표 1〉 해외 일본어 학습자 수

순위	국가명	2012년	2015년
1	중국	1,046,490	953,283
2	인도네시아	872,411	745,125
3	한국	840,187	556,237
4	호주	296,672	357,348
5	대만	233,417	220,045
6	태국	129,616	173,817
7	미국	155,939	170,998
8	베트남	46,762	64,863
9	필리핀	32,418	50,038
10	말레이시아	33,077	33,224

국제교육기금 (2016)

실은 이 조사가 시작된 1974년부터 2009년까지 한국은 계속 1위를 지켰다. 한국의 일본어 학습자 수를 전체 인구비로 환산해 보면 이는 더욱 명확해진다. 〈표 2〉는 키사라기하야토如月隼人가 지난 2012년 데이터를 토대로 인구 만 명당의 일본어 학습자 수를 산출한 것이다. 그 결과를 보면 한국이 압도적인 수치로 1위를 차지했으며 호주와 대만이 그 뒤를 따르고 있다. 중국은 7위지만, 인구가 월등히 많기에 일본어가 가능한 인재를 확보하는 것도 비교적 쉬울 것으로 추측된다.

상위 3개국 중 2개국이 이전에 일본의 강제 통치를 받은 국가였다는 것도 흥미롭다. 경술국치는 1910년에, 대만이 일본에 양도된 것은 청일전쟁 이후인 1895년이었다. 그 후 한국과 대만에서는 일본이 패전하기 전까지 동화 정책의 일환으로 일본어가 국어로 교육되었다. 이 때문에 양국엔 독립 후에도 일본어가 가능한 사람이 다수 존재했고, 이들이 그 후 각 국가에서 일본어 교육을 담당하게 되지 않았나 싶다.

<표 2> 해외 일본어 학습자 수(1만 명당)

순위	국가명	2012년
1	한국	174.4
2	호주	133.2
3	대만	101.1
4	인도네시아	36.4
5	태국	18.8
6	말레이시아	11.6
7	중국	7.8
8	베트남	5.3
9	미국	5.0
10	필리핀	3.5

키가라기(如月) (2013)

한국의 경우에는 독립 후, 일본어 및 일본 문화의 보급이 배척되었지만 1960년대, 특히 1965년에 한일 국교가 정상화된 이후부터 경제 정책의 중요한 수단으로서 일본어 교육이 시행되었다. 한국의 고등학교에서는 제2외국어가 필수 과목인데, 2011년까지 일본어가 가장 인기 있는 언어였다는 것도 주목할 만한 일이다(2012년도 '교육통계연보' 참조).

한국의 일본계 기업에서 일본어가 많이 사용된 이유에는 일본어와 한국어가 언어적으로 비슷해 한국인 사원들이 배우기 쉽다는 '언어적 요인'도 있을 것이다. 일제 강점기 또한 하나의 '로컬 요인'으로 생각해 볼 수 있을 듯하다. 일제 강점기 경험으로 일본어 교재 개발을 위한 자료와 일본어 강사로 채용 가능한 인재들이 많았고, 이것이 한국에서의 일본어 교육의 토대가 되었을 것으로 보인다.

ELF로서의 영어

해외 업무를 할 때 현지어와 일본어가 유용하게 사용되는 것은 확실하다. 그런데도 인터뷰에 참여한 모든 주재원은 글로벌 비즈니스에 영어가 중요하다고 입을 모아 답했다. 글로벌 비즈니스를 위해서 영어 능력은 필수라는 인식이 뿌리 깊게 자리 잡은 듯 보였다.

비영어권 국가에서 일할 때는 기본적으로 영어 비원어민끼리 ELF를 매개로 의사소통을 한다. 만약 서로 충분한 영어 실력을 갖추고 있지 않으면 오해가 생기거나 자연스러운 의사소통을 하지 못 할 수도 있다. 그러면 일을 정확하고 효율적으로 처리하는 것이 불가능해진다. 이때 현지어가 가능하면 일 처리가 편해질 거라는 점은 말할 필요도 없다. 또는 일본어를 할 수 있는 현지 사원이 있으면 일본인 주재원들은 일이 그만큼 수월해질 것이다. 업무를 수행할 만큼 영어 실력이 그리 뛰어나지 않을 때라면 둘 중 한 사람의 모어를 사용하는 편이 효율적이라 할 수 있겠다. 그러나 태국의 경우처럼 그럴 상황이 되지 못하거나 ELF로도 의사소통이 어렵다면 어쩔 수 없이 통역사의 도움을 받을 수밖에 없다.

해외 업무를 위한 통역사의 필요성이 높아지고는 있지만, 통역을 전문으로 하는 정사원을 고용하는 경우는 그리 흔치 않다. 통역 일은 보통 단발적이며 온종일 통역이 필요한 경우가 별로 없기 때문이다. 통역 전문 사원으로 고용하더라도 차츰 다른 일을 배우게 해서 결국 일반 사무와 통역 업무를 병행하게 하는 사례는 있다.

그러나 ELF를 사용할 수밖에 없는 경우도 많다. 그때는 다양한 전략이 사용되는데, 그 예는 '환상 7'에서 자세히 보기로 하자.

현지어의 유용성

해외 주재원의 경험담을 정리해 보면 영어 실력은 글로벌 비즈니스를 위해 필요하지만, 그렇다고 해서 영어만 하면 세계 어디에서나,

누구와도 일할 수 있는 것은 아니다. 이렇듯 영어가 가지는 양면성, 즉 유용성과 한계는 비즈니스 이외의 분야에서도 찾아볼 수 있을 것이다.

영어가 통하지 않을 때는 현지어 능력이 필요하다. 통역사를 사용하면 비용도 많이 들고 효율적이지 않을 때도 있다. 현지어가 중요한 이유는 일의 효율성 이외에도 또 있다. 바로 현지 사원과 거리감을 줄일 수 있다는 점이다. 기본적으로 영어나 일본어로 일을 하더라도 가끔 현지 사원들에게 현지어로 말을 걸면 그들에게 호감을 줄 수 있고 친밀감과 신뢰감을 쌓을 수 있다. 이번 연구에 참여한 일본인 사원들에게 '이전에 주재한 나라에서 온 손님에게 어느 나라 말로 인사를 하는지'를 물었을 때도 이와 비슷한 답변이 나왔다.

앞서 언급한 호주에서 주재원으로 일한 경험이 있는 '상사맨'은 브라질에서도 근무한 적이 있다. 기본적으로 직장에서는 영어를 사용했지만, 현지 사원과 좀 더 가까워지기 위해 정기적으로 편한 분위기에서 면담했는데, 그때는 가능한 한 포르투갈어로 소통을 하려 했다고 말했다.

"영어만 하면"이라는 세계관은 세계화 시대의 기준이라고 할 수 없다. 이미 많은 저자가 '영어 만능주의'에 의문을 제기해 왔다. 예를 들면 키무라 고로 크리스토프 木村護郎 Christoph 는 절영 節英, 영어 사용의 절제을 주장한다. 즉 일본어를 사용할 수 있는 상황에서는 다양한 의사소통 전략을 이용하면서 일본어를 사용할 것, 그리고 이웃 나라의 언어인 한국어와 중국어를 조금씩이라도 공부해 볼 것을 제안한다. 영어만 쓰려는 것은 타인 또는 자신을 억압하는 것이며 진정한 글로벌 인재의 자세가 아니라는 것이다.

회사의 업무 진행에 더 효율적인 언어

전 세계에는 영어를 제2언어 혹은 외국어를 사용하는 사람의 수가 영어를 모어로 사용하는 원어민 화자의 수보다 많다. 또한 국가별로 영어 보급률에서 큰 차이가 존재하고, 한 국가 혹은 한 기업 내에서도 개인의 영어 숙련도에 큰 차이가 있다. 따라서 모어가 서로 다른 사람들끼리 의사소통할 때 영어가 항상 효과적인 의사소통의 수단이 되는 것은 아니다. 이에 6장은 "영어는 국제적으로 가장 널리 사용되는 언어로서, 전 세계 어느 나라 사람과도 의사소통을 가능하게 한다."라는 일반적인 주장을 반박하며 그 예로 일본 기업의 해외 주재원과의 인터뷰 내용을 제시하고 있다. 그리고 이러한 연구 결과는 주재원의 소속이 한국 기업인지 일본 기업인지에 따라 크게 좌우되지 않으리라고 생각된다.

쿠보타 류코는 해외 거주 주재원이 사용하는 언어에 영향을 미치는 네 가지 요인을 분석했는데, 구체적으로 말하면 주재원의 모어를 사용하는 사람이 해외 지사에 근무하는가, 업무의 종류가 무엇이고 누구를 상대해야 하는 일인가, 주재원의 언어 능력과 현지 언어를 배우고자 하는 의지는 어떠한가, 그리고 모어와 현지어 사이에 유사성이 있는가 등이다.

국제화 흐름에 맞춰 한국 기업들도 내수 시장 중심에서 해외건설 프로젝트, 제조업 기반의 생산기지 이전 등 해외 시장으로 점차 사업 영역을 확대하고 있다. 대한무역

투자진흥공사(Korea Trade-Investment Promotion Agency, KOTRA)의 2019년 발표에 따르면 한국 기업의 해외 법인 및 한국인 주재원의 수(한국 기업의 해외 진출에 따른 본사 파견 직원 수)는 2012년 40,390명에서 2014년 41,869명, 2016년 49,145명으로 꾸준히 늘어나는 추세이다. 이에 따라 이우영과 다스테인(2016), 오석영과 장경진(2020)을 비롯한 여러 연구자는 베트남, 말레이시아, 중국 등 아시아 국가에 파견된 한국인 주재원의 현지 적응, 만족도, 주재원의 양성 및 관리에 관한 연구를 하고 있다. 이들 연구에서는 공통적으로 해외 주재원이 실제 파견 국가에서 현지어로 직원과 의사소통하는 경우가 많고, 영어를 사용할 때에도 영어의 유창한 발음보다 업무를 위한 의사소통에 중점을 두고 있다고 밝혔다. 또한 효과적인 현지 적응을 위해 '타 문화에 대한 이해', '현장 직원과의 원활한 의사소통'이 매우 중요하다고 강조한다.

결국 쿠보타 류코를 비롯한 여러 학자의 연구 결과가 의미하는 바는 다음과 같다.

우리의 일반적인 예상과 달리 실제 국제무대에서는 영어 이외에 다른 언어로 의사소통을 하는 경우가 많다.
영어를 통해 의사소통할 때, 언어의 유창함보다 업무에 대한 명확한 의사전달이 더 중요하다.
다양한 언어적, 문화적 배경을 가진 영어 화자에 대해 열린 마음을 가져야 한다.

따라서 한국을 벗어나 국제무대에서 성공하고자 한다면, 위 사실을 인지하고 받아들이는 것뿐만 아니라 전 세계인들과 어떻게 의사소통할 것인가에 대한 진지한 고찰이 필요하다.

영어는 사회적, 경제적 성공을
가져다준다

'환상 6'의 서두에서 확인했듯이 일본 문부과학성 자료에는 국제 공용어인 영어가 21세기 글로벌 시대를 살아가기 위한 필수 요소로 정의되어 있다. 그리고 내 연구에 참여한 일본계 기업의 해외 주재원들도 이와 비슷한 생각을 하고 있었다. 영어가 만능이 아님에도 불구하고 많은 사람이 '무슨 일을 하든지 영어는 기본'이라고 생각하는 것이다. "영어가 사회적, 경제적 성공을 가져다준다."라는 것이 사회 통념이 되어 버린 듯하다.

영어뿐만 아니라 어떤 외국어든지 사용할 수 있으면 세계는 그만큼 더 넓어지는 게 당연하다. 그러나 실질적으로 업무 능력을 쌓는데 어학 능력 하나만으로는 충분치 않다는 것이 일본 주재원들의 공통된 의견이었다. 어학 능력과 더불어 일에 대한 전문 능력이 없으면 직장 생활에서 만족스러운 성과를 얻기 힘들다는 것이다. 최근 들어 영어 능력과 경제적 성공을 연결하는 이야기를 자주 듣게 되는데, 그 배경에 숨어있는 것은 무엇일까? 과연 해외에서 활발히 활동하는 기업인들의 영어 실력과 그들의 경제적 성공이 비례할까? 이 질문을 "영어 능력이 취업과 직장 생활의 성과로 바로 연결되는가?"로 바꾸어 생각해 보도록 하자.

어학 실력과 경제적 성공의 관계

해외 응용언어학 분야에서는 어학 실력과 경제적 성공에 관한 연구를 많이 진행해 왔다. 북미와 유럽 국가들을 대상으로 한 프랑수와 그린François Grin의 연구에 따르면, 개인의 언어 능력은 일반적으로 수입과 비례하지만, 이는 보통 여성보다 남성에게 해당되는 경우가 더 많다고 한다. 스위스의 연구 결과에서는 여성의 수입과 영어 실력이 어느 수준까지는 비례하지만, 영어 실력이 일정 수준에 도달하면 오히려 수입이 줄어드는 것으로 나타났다. 이는 높은 영어 실력을 갖춘 여성들이 보통 비정규직(예컨대 통역 및 번역)에 종사하는 경우가 많기 때문으로 추측된다.

같은 나라에서도 지역에 따라 이중언어 화자에게 주어지는 혜택이 다를 수도 있다. 예를 들어 캐나다는 영어와 프랑스어가 공용어인 국가다. 한 연구 결과에 의하면, 프랑스어가 일상어로 사용되는 퀘백

주에서는 캐나다의 다른 주(州)에 비해 이중언어 화자가 경제적 기회와 혜택을 얻기에 더 유리하다고 한다.

그렇다면 일본은 어떨까? 테라사와 타쿠노리(寺沢拓敬)는 2000년과 2010년도에 실시된 '영어를 하면 수입이 높아지는가?'라는 조사의 결과를 다음과 같이 분석했다. 여기서 유의할 점은 영어 능력과 수입의 관련성이 학력, 경험, 직업과 같은 다양한 요소와도 연관되어 있을 수 있다는 것이다. 관련성 있는 다양한 변수를 통제하고 분석한 결과, 2000년도 조사 결과에서는 남성의 월급 상승효과가 유의미한 것으로 나타났으나 그 정도는 아주 미미했다. 여성의 경우에도 상승효과는 나타났지만, 아쉽게도 통계적으로 유의미한 수치는 아니었다.

2000년에 실시한 조사는 도시에 거주하는 정규 사원과 직원을 대상으로 한 것인데 반해, 2010년도 조사는 전국적으로 실시한 것이다. 2000년에 비해 참가자 수가 적은 것이 한계점이지만, 이 조사 결과에서도 남녀 모두에게 영어 실력과 경제 수입에 유의미한 관련성은 보이지 않았다. 테라사와의 연구 결과는 일본 사회에서 영어 실력과 수입의 관련성이 과장 선전되고 있음을 시사한다. 그러므로 비즈니스 잡지와 인터넷 기사에 난무하는 "영어만 잘하면 연봉이 대폭 상승한다"와 같은 제목의 기사를 액면 그대로 받아들이지 않도록 주의해야 할 것이다.

어학(영어) 능력과 경제적 성공에 관한 이야기의 배후에는 대체 어떤 이데올로기가 숨어 있을까? 2006년 일본의 유행어 대상 후보에 오른 단어에 '카치구미勝ち組, 승자'와 '마케구미負け組, 패자'라는 단어가 있다. 이 단어에는 지난 20년간의 시대적 변화가 반영되어 있다. 2000년대는 사회, 경제적으로 빈부 격차가 크게 벌어지고 빈곤 문제가 대두된 시기였다. 그 배경에는 신자유주의 노동 환경이 있다.

1980년대 이후 자본이 다국적화되고 거대해지면서, 시장 원리와 자유 경쟁을 저지하던 법과 규정들이 경제 발전의 장애물로 인식되었고 점진적으로 완화되기 시작했다. 국가 시설의 '민영화'가 그중 하나인데, 일본의 국유 철도를 비롯한 전화국과 우체국도 그 대상이었다. 글로벌 자본주의 경제에서 사회 경제 시스템의 자유화를 촉진하려는 움직임이 바로 신자유주의다.

신자유주의는 노동 임금을 축소하고 자본을 확대하기 위해 이전의 종신 고용 및 연공 자금 제도를 보다 유연한 고용 제도로 대체했다. 오랜 기간 근무한 정사원도 구조 조정의 대상이 되었고 비정규직 노동자의 수는 해마다 늘어나고 있다. 고용 불안 속에서 노동자는 평생 학습을 통해 '스스로' 자신의 경쟁력을 키울 것을 요구받는다. 개인의 고용 가능성을 높이는 데 필요한 능력과 기술, 지식을 '인적 자본'이라 부르는데, 이는 경제협력개발기구OECD의 문서에도 기술되어 있다.

인적 자본 중에서도 특히 중요하게 여겨지는 것이 바로 의사소통 능력이다. 기술 혁신에 따라 노동 형태가 육체노동에서 정신노동으로 바뀌었고 서비스업이 증가했다. 새로운 산업 구조에서 의사소통은 중요한 직업 능력이 되었다. 대표적인 예가 콜센터 상담원 업무다. 그들에겐 고객의 '욕구needs'에 정중하고 막힘없이 대응하며 고객의 소리에 귀를 기울이고 공감해 줄 수 있는 능력이 요구된다.

의사소통에는 외국어 능력도 포함된다. 특히 '영어는 국제 공용어'라는 담론이 일반화된 만큼, 글로벌 인재로서 활약하기 위해서는 '영어 능력이 필수'라고 여겨진다. 동시에 "영어 실력을 향상하면 '카치구미勝ち組, 승자'에 속할 수 있다.", 즉 경제적 성공을 얻을 수 있다고 믿는다.

신자유주의와 영어 교육 - 경제계와의 연결고리

영어 능력이 개인에게 경제적 성공을 가져다준다는 개념에 대해 살펴봤는데, 이런 논리는 국가 발전에 관한 논의에서도 찾아볼 수 있다. '환상 6'의 서두에서 인용한 문부과학성의 문서에는 "일본의 미래를 위해서 국제 공용어인 영어 능력의 향상이 반드시 필요하다."라는 내용이 적혀 있다. 이는 영어를 할 수 있는 국민, 즉 '글로벌 인재'

를 육성하는 것이 국가의 번영과 밀접히 연관되어 있다는 관점을 전제로 한다.

최근 일본의 영어 교육 정책은 개인과 국가의 경제적 성공을 염두에 두고 실행되었다. 자본주의 국가의 경제적 번영은 글로벌 기업의 번영과 직결된다. 때문에 신자유주의 경제 체제 속에서 영어 교육은 국가 교육의 하나이자 경제계의 요구에 부응하기 위한 형태로 시행되어 왔다. 이를테면 2000년에 일본 경제단체연합회(이하 경단련)는 '글로벌화 시대의 인재 육성에 관하여'라는 의견서에서 초등학교에 영어 교육을 실시할 것, 대학 입시 시험에 영어 듣기평가를 도입할 것, 영어 교원 채용 시 토플과 토익 점수를 적극적으로 활용할 것, 영어를 모어로 하는 외국인 교원을 확충할 것을 제안하고 있다. 그보다 일 년 전인 1999년에도 일본의 3대 경제 단체 중 하나인 경제동우회同友会가 '의지가 있는 사람들이 모이는 국가'라는 제언서 발표를 통해 영어 회화 교육을 초등학교부터 실시할 것과 외국어 지도교사ALT 고용을 확충할 것, 그리고 대학 입시(센터 시험)의 수험 자격으로 토플과 토익, 영어 검정 시험을 활용할 것을 제안했었다.

이 제안들은 모두 현실화되었다. 2006년부터 대학 입시에 영어 듣기평가가 포함되었다. 2011년부터는 '외국어(영어) 활동'이 초등학교 5, 6학년부터 필수 활동이 되었다. 2020년에는 영어가 초등학교 5, 6학년생의 정규 교과로 채택되었으며, 초등학교 3학년부터 '외국어(영어) 활동'을 실시하게 되었다. 심지어 2020년부터 실시되는 대학 입시 공통 시험에는 '신형' 영어 검정 시험과 토익TOEIC, 토플TOEFL, 아이엘츠IELTS와 같은 공인 영어 시험이 도입된다.

신자유주의와 민간 영어 시험 도입과의 연관성은 다음 두 가지 관점에서 생각해 볼 수 있다. 우선, 책무성accountability의 관점이다. 시험이 민간 기업에 의한 것인지 아닌지와는 별개로 시험을 통해 개인의 능력을 수치화하고 평가하여 책임소재를 명확히 해야 할 필요성이 높아졌다. 신자유주의 시대의 학습자는 자기 능력을 개발하고 그것이 남들과 비교해서 얼마나 뛰어난지 증명해야 한다. 또한, 교육기관도 교육의 성과를 수치화하여 기관의 경쟁력을 보여 줘야 한다. 경쟁원리에 근거한 '책무성accountability'은 '환상 5'에서 언급한 시험 중심주의의 미국 초중등교육제도와 그 맥락을 같이 하며, 일본에서 시행되고 있는 전국학력고사에도 투영되어 있다.

두 번째는 교육평가의 민영화이다. 이로 인해 일정의 이권 구조가 형성되는데, 이 점에 대해서 더 자세히 알아보자.

공인 영어 시험이 부채질하는 영어 열풍

새로운 대학 입시에 도입될 민간 영어 시험은 '신형' 영어 검정 시험과 TEAPTrainning Education and Accreditation Program이다. 이 시험들은 공익 재단 법인 일본영어검정협회가 독자적으로 개발하고 시행하는 것으로 대학 교육을 위해 필요한 영어 운용 능력을 측정하기 위한 것이다. 물론 일본영어검정협회에서는 영국문화원British Council이 중심이 되어 개발한 아이엘츠IELTS 영어 시험도 실시하고 운영, 홍보하는 활동도 하고 있다.

새 대학 입시에는 토플과 토익도 추가될 예정이다. 이 시험은 미국의 민간 비영리 기관인 ETSEducational Testing Service가 개발한 것이다. 그리고 이 시험은 세계 각지의 비영리 단체에서 운영, 실시되고 있다. 일본에서는 일반 재단 법인 국제비즈니스커뮤니케이션협회IIBC가 토익을, 국제교육교환협의회CIEE의 일본 대표부가 토플 관련 업무를 담당하고 있다. 일본영어검정협회를 포함한 이 기관들은 비영리 교육단체이기는 하지만 거대한 사업체라고도 할 수 있다. 현재 영어 검정 시험의 수험료는 2,000엔부터 8,400엔에 이르며, 토플 수험료는 달러로 235불(약 26,000엔), 토익은 5,725엔이다. 토플과 토익의 수험료 중 일부는 ETS로 송금되는데, 그 금액이 정확히 얼마인지 명확히 알 수는 없다. 토익의 수험료는 토플보다 싸지만, 2016년의 응시자 수가 270만 명 이상이었던 것을 고려하면 거액의 운용비가 송금되고 있음이 틀림없다. 심지어, 토플은 그 응시자 수도 공개하지 않고 있다. 나는 『글로벌화 사회와 언어 교육』이라는 책에서 토익과 영리 사업의 불투명한 관계를 지적한 적이 있다. 2009년 ≪재팬타임즈Japan Times≫와 ≪프라이데이Friday≫, ≪일간 현대≫ 등에서 보도된 기사 내용을 토대로 작성했다. 당시 문제가 되었던 것은 토익 업무를 담당하는 기관이 거액의 토익 수험료를 어떻게 쓰는지, 그 운용 방법이 명확하지 않다는 것이었다. 더구나 토익 관련 업무를 담당하는 비영리단체가 토익 학습자를 대상으로 한 출판물과 세미나 등 영리를 목적으로 하는 활동과 밀접히 연관되어 있다는 의혹도 제기되었다.

글로벌 인재 육성의 근간이 되는 영어 교육이 경제계에는 꽤 구미가 당기는 사업이었을 것이다. 여기에는 영어 시험과 관련된 사업만이 아니라 학원과 영어 회화 사업, 원어민 강사 파견업, 출판업 등 영어 교육과 관련된 모든 사업이 포함된다. 영어의 중요도가 높아지면 높아질수록 수요가 늘어나고, 그에 맞춰 공급도 늘어나게 된다.

안정적인 공급을 위해서 영어 교육 업계와 정치가가 유착 관계를 맺는 일도 있다. 예를 들면 일본 문부과학성은 ALT 활용 확대를 위한 파견 사업을 2016년 예산에 포함시켰다. 언론 보도에 따르면, 자민당의 교육재생실업 본부장을 역임한 엔도 토시아키遠藤利明 의원이 2010년부터 2014년까지 ALT 파견을 담당하는 기업으로부터 뇌물을 받고 문부과학성에 압력을 행사한 의혹이 있다고 한다.

'영어 열풍'은 영어 관련 사업이 막대한 수익을 창출하는 데 크게 이바지하고 있다. 이는 초콜릿 건강 붐이 일어난 것과 유사하다. 최근 일본에서는 카카오가 건강에 좋다고 하여 초콜릿 소비량이 급증했다. 그런데 미국의 웹 뉴스 Vox에 의하면, 미디어가 보도하는 건강 효과는 보통 대형 식품 관련 회사가 연구한 자료를 근거로 한다고 한다. 초콜릿이 건강에 좋다는 담론이 비즈니스, 즉 대형 초콜릿 회사와 미디어의 결탁으로 퍼진 것처럼, 영어를 잘하면 경제적으로 성공할 수 있다는 말 또한 영어 교육산업, 정치가, 미디어가 합세해 조장하고 있는 것은 아닐까?

'환상 6'에서는 해외 주재원을 대상으로 '영어 = 국제 공용어'라는 언설에 대해서 검증해 보았다. 그럼, 일의 성공과 영어 능력의 관계는 어떨까?

영어(언어)는 수단이다

해외 주재원과 인터뷰하며 "언어는 수단이니까"라는 말을 몇 번이나 들었다. 그런데 "언어는 수단이니까 확실히 배워 두지 않으면 안 된다."라는 의미가 아니라, "언어는 일을 수행하기 위한 수단에 지나지 않는다."라는 의미였다.

인터뷰에 응해 준 모든 주재원은 글로벌 비즈니스에서의 영어의 중요성과 필요성을 충분히 인지하고 있었다. 능숙한 영어 실력은 일하는 데 도움이 되는 것은 물론이고, 영어가 아니라 어떤 언어든 "알면 좋다."라고 했다. 그러나 언어를 못 한다고 해서 일을 못 한다거나 취직을 못 하는 것은 아니라고 했다. 결국 언어를 구사할 수 있느냐 없느냐가 아니라 일을 잘 수행하고 결과를 낼 수 있느냐가 가장 중요하다는 것이었다.

태국에서 주재원으로 일한 한 여성 사원이 아주 흥미로운 이야기를 하나 들려주었다. 부임 초기에 약속 없이 영업을 나간 적이 있었는데, 그때 사무실로 자신을 안내한 태국인은 영어도, 일본어도 하지 못 했고 자신도 태국어가 아직 미숙해서 "처음 5분 동안은 둘이서 얼굴만 쳐다보고 아무 말도 하지 못 했다."라고 했다. 그러나 영어로 된 안내서를 보여 주고 몸짓을 사용하면서 이야기를 진행한 결과, 그 고객으로부터 주문을 받았다고 했다. 이 주재원은 학교에서 배우는 기초 영어는 필요하지만, 토익 점수는 필요 없다고 단언했다. 학교에서 배우는 영어와 실제로 업계에서 사용하는 영어에는 상당한 차이가 있으므로 실전에서 배우고 익히는 것이 가장 빠른 지름길이라는 것이다.

많은 주재원은 언어가 의사소통의 수단에 지나지 않는다고 강조했다. 가장 중요한 능력은 의사소통 능력이며 고등학교에서 배우는 어학 능력은 그 일부에 지나지 않는다는 것이다. 즉 그들이 말하는 의사소통 능력과 일반적으로 우리가 생각하는 언어 능력이 항상 같은 것은 아니었다.

글로벌 비즈니스 미팅을 자주 하는 회사 간부는 고도의 영어 실력이 필수적일 것이다. 물론, 이것은 전문 통역가에게도 없어서는 안될 능력이다. 하지만 해외 업무에서 필요한 영어 능력은 문부과학성이나 경제 단체, 미디어가 강조하는 영어 능력과는 상당히 다르다는 것을 주재원들과의 인터뷰에서 알 수 있었다. 이는 아주 흥미로운 결과로, 좀 더 검토해 볼 필요가 있다.

정확성과 유창성보다 의사소통 능력이 중요

언어가 수단이란 것은 정확성과 유창성보다 실용성과 의사소통 능력이 더 중요하다는 것을 의미한다. 아무리 정확하고 유창하게 그 언어를 사용하더라도 자신의 의사를 상대방에게 전달하지 못한다면 좋은 업무 성과를 달성할 수 없을 것이다. 1년간의 중국 어학연수를 마친 후, 중국에 파견된 어느 주재원은 비즈니스 커뮤니케이션에 대해 다음과 같이 말했다.

> 많은 단어를 아는 것보다 때와 장소에 맞게 말을 바꾸어 설명할 수 있는 사람이 더 의사소통 능력이 뛰어나다고 생각한다. (중략) 의사소통이란 아무리 문법이 틀려도 어떻게든 상대방에게 자신의 의사를 전달할 수 있는 능력을 의미하고, 그런 능력이 업무에 필요한 것 같다.

다른 인터뷰 참가자들도 이와 비슷한 이야기를 하곤 했다. 한국에서 만난 어느 주재원은 자신이 미국에서 일했을 때의 경험을 회고

하면서 "의사소통은 언어만의 문제가 아니라고 생각한다."라고 했다.

영어를 정말 잘하는 상사가 있었는데, 그 사람은 영어를 너무 잘해서 어려운 단어를 많이 사용하면서 상대방이 자신의 말을 이해하는지 안하는지 전혀 신경도 쓰지 않고, 일방적으로 자기 말만 하는 사람이었어요. 그걸 보고 아무리 언어를 잘해도 저렇게 의사소통이 안 될 수도 있구나 하는 생각이 들었죠. 그 상사는 예를 들면 한국으로 출장을 가도 상대방이 자신만큼 영어를 구사할 수 있다고 생각하고 막 영어를 쏟아내는 거예요.

이처럼 문법이나 어휘의 정확성, 그리고 회화의 유창성이 반드시 효과적인 의사소통의 기본 요소가 되지는 않는다. 문장을 다시 바꾸어 말해 주거나 상대방이 어느 정도 이해했는지 확인하는 등 효과적 의사소통을 위한 기술도 필요하다. 이 점은 ELF 의사소통의 경우와 같다.

주재원들은 원활한 의사소통을 위해 필요한 의사소통 기술을 여러 가지 제시해 주었다. 몸짓을 이용하거나 손가락으로 가리키거나 종이에 단어를 적기도 하며, 전달하고 싶은 내용을 그림이나 도형으로 그리기도 하고 알기 쉬운 단어로 바꿔 말하거나 반복해서 천천히 말하기도 한다. 한자 문화권에 있는 사람하고는 필담(한자를 쓰는 것)을 하는 일도 있다고 했다.

일에는 항상 정확성이 요구된다. 예를 들어 생산 과정에서 실수가 생기면 업무에도 지장이 생기기 마련이다. 어떤 언어를 사용해서라도 현지의 책임자와 사원들 간의 상호 이해가 필수적이다. 영어를 ELF로 사용할 때는 상대도 자신도 영어 원어민 화자가 아니기에 오해가 생기기 쉽다. 따라서 꼼꼼한 확인 작업이 필요하다. 몇 번이고 재차 확인하고, 해야 할 일을 반복해서 말하게 하는 것도 효과적인 방법이다.

이는 언어 교사가 학습자에게 사용하는 방법과 많은 점에서 닮아있다. 숙달된 언어 교사는 초급 학습자도 목표 언어로 수업 내용을 이해할 수 있도록 알기 쉬운 표현을 사용하기도 하고, 시간 간격을 두고 반복해서 학습자가 이해할 수 있는 '인풋input'을 제공하기도 한다. 언어 교육자로서 아주 흥미로운 점이 아닐 수 없다.

의사소통 태도

주재원들과의 인터뷰를 통해서 직장에서 효과적으로 의사소통을 하기 위해선 '태도'나 '마음가짐'이 중요하다는 것을 알 수 있었다. 자신의 의사를 '전달하려는 의지'가 없으면 의사소통은 성립되지 않는다. 적극적으로 소통하고자 하는 의욕과 자신의 의사를 전달하려는 끈기 있는 노력도 필요하다.

중국에 5년 정도 거주한 경험이 있는 한 사원이 자신의 경험을 들려주었다. 그는 부임 초기에 중국인에 대한 편견이 있었다. 예를 들면 중국인은 약속 시간을 잘 지키지 않고, 지시한 것을 제대로 하지 않는다는 생각을 하고 있었다. 그런 생각에 사로잡혀 일하다 보니 현지 사원들도 잘 협조하지 않았고, 자신도 일이 전혀 즐겁지 않았다. 주재한 지 1년 정도 지났을 무렵 모든 사람은 선한 성품을 가지고 태어난다는 '성선설性善說'의 마음가짐으로 현지 사원과 적극적으로 소통하려는 동료를 보고 그 사원도 마음가짐을 바꾸었다. 그리고 그는 이런 말을 덧붙였다.

사람은 결국 사람과 교류해야 하니까 사람이 싫어지면 거기서 비즈니스도 끝나고, 그 이외의 관계도 끝나 버리는 것 같아요. 그래서 기본적으로 사람을 더 좋아하고, 뭐 그런 사람이 (일에) 적합하다고 할까, 의사소통도 잘 할 수 있고. '성선설性善說'의 사고방식을 가진 사람이 더 일을 잘할 것 같은 생각도 들어요.

결국 긍정적인 태도와 소통하려는 의지를 가지고 상대의 입장에 서서 성실하고 겸허하게 대화를 하려는 태도가 무엇보다도 중요한 것 같다. 이는 상호 양보가 있을 때만 유지될 수 있다. 의사소통은 일방통행이 아니다. 상대를 배려하고 이해하면서, 서로 양보하면서 의사소통하는 것이 중요하다. 몇몇 주재원들은 "이 나라에서 많은 도움을 받으면서 일을 하고 있다."라는 겸허한 자세로 일하는 것이 중요하다고 지적했다.

의사소통 태도를 뒷받침하는 요소에는 '기본적 태도'와 '문화적 지식'이 있다. '기본적 태도'란 다른 문화에 대한 관심과 차별이나 편견이 없는 언행을 말하는데, 이는 신뢰 관계를 구축하는 토대가 된다. 한편, 해외 업무를 위해서 필요한 '문화적 지식'은 그 나라의 문화 습관, 시사 뉴스, 역사에 대한 기초 지식을 말하며 이런 정보는 원활한 의사소통의 기초가 된다. 특히, 아시아 국가에서 일하기 위해서는 일본의 억압적 식민 통치 역사를 아는 것이 필수적이라고 말한 주재원도 있었다. 또, 어느 주재원은 "문화가 다르면 생각이 다른 것은 당연하다. 그렇기 때문에 상대를 이해하려는 태도를 가지는 것이 중요하고, 이를 통해 종합적인 의사소통이 가능해진다."라고 했다.

지금까지 살펴본 의사소통 능력과 태도를 '경계를 초월하는 커뮤니케이션border crossing communication의 자원'이라 명명하고 그것을 〈그림 5〉로 표현해 보았다. 사실상 영어 능력은 '경계를 초월하는 커뮤니케이션'을 구성하는 능력의 일부에 지나지 않으므로 영어 능력만으로는 경제적 성공을 초래할 수 있다고 말하기는 어렵다.

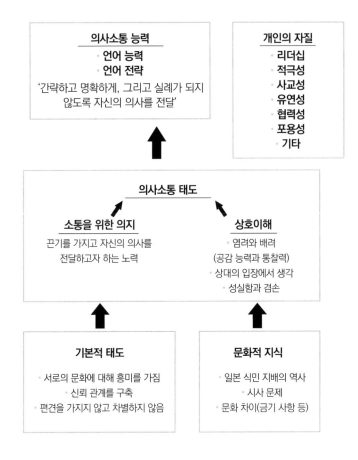

〈그림 5〉 경계를 초월하는 커뮤니케이션의 자원

일에 필요한 능력과 자원

주재원들과의 인터뷰에서 해외 근무를 하기 위해 필요한 능력과 자원이 무엇이라고 생각하는지 질문해 보았다. 앞서 설명한 것처럼 주재원들은 공통적으로 언어는 못 하는 것보다 할 수 있는 것이 좋으며, 기초 영어 지식은 필요하다고 인식하고 있었다. 그러나 무엇보다 중요한 것은 어학 능력보다 일에 대한 전문 지식과 능력이라고 대답했다. 어학 능력이 더 중요하다고 답한 사람은 단 한 명도 없었다.

"언어 능력과 일에 대한 전문 능력 중 어느 쪽이 더 중요한가?"라는 질문에 태국의 어느 주재원은 한 치의 망설임도 없이 "전문 능력"이라고 답했다. 싱가포르에서 태국으로 파견된 후, 새로운 일을 맡게 된 이 사원은 영어를 하지 못했다면 그 일을 익히는 데 많은 어려움이 있었을 거라고 했다. 그런데도, 그는 기본적인 영어 능력과 전문 능력이 어느 정도 갖추어진 경우라면 전문 능력이 영어보다 더 중요하다고 보았다. 그리고 자신이 현지 사원들에게 좋은 상사로 인정을 받는 이유는 결코 자신의 영어 실력 때문이 아니라고 덧붙였다.

이 연구를 위해 주재원들을 해외로 파견하는 인사 담당자와도 인터뷰를 진행했는데, 주재원 선발 기준에 대해서 다음과 같은 이야기를 들려주었다. 좀 길지만, 그대로 인용해 본다.

기본적으로 선발 기준은 어학이 아닙니다. 일을 잘 하는지 못 하는지, 의욕이 있는지 없는지가 기준이 되죠. 일본에서도 일에 의욕이 없고 일을 못 하는 사람은 언어가 능통하다고 한들 해외에 나가서 일을 잘 하는 법은 없으니까요. 언어를 못 하더라도 일본에서 일 잘 하는 사람은 해외에 나가서도 어떻게든 잘 헤쳐 나가요. 기본적으로 우리는 어학이 목적이라고 생각하지 않아요. 그 점에 대해서 많이들 오해를 하세요. 일본에서는 중학교부터 영어 수업을 하지만, 그 교육은 시험을 위해 문법을 암기하고 단어를 외우고, 시험에서 100점을 받는 것을 목적으로 하죠. 성적표에 좋은 성적을 받는 것이 목적이 되어 버렸어요. 하지만 실제로 회사에 들어와서 일을 하기 시작하면 일본에 있든, 해외에 있든 중요한 것은 일을 끝까지 잘 해내는 것입니다. 그러니까 거기서 필요한 언어라는 것은 단지 수단일 뿐이고, 언어를 할 수 있는지 없는지는 전혀 문제가 되지 않아요. 물론 어학을 할 수 있으면 못 하는 것보다야 좋겠지만요.

그의 말에서도 '언어는 도구'라는 인식이 명확히 드러난다.

글로벌 커뮤니케이션 능력은 어학 능력이다?

지금까지 살펴본 바와 같이 해외 주재원들에게 영어는 필수조건은 맞지만 충분조건은 아니었다. 적어도 그들의 말에 의하면, 아무리 영어를 능숙하게 잘해도 반드시 성공을 보장받지는 않는다고 한다. 그럼 성공을 위해 필요한 것은 무엇일까? 그건 바로 일의 전문성과 의사소통 능력이다. '어학 능력'은 '의사소통 능력'의 일부에 지나지 않는다. 물론 일각에서는 '어학 능력'이 바로 '의사소통 능력'이라는 견해도 있지만, 사실상 일본어든 영어든 관계없이 언어 능력은 인지적 기저 단계에서 서로 연결되어 있다. 의사소통 능력은 그 기저 단계에 속해 있는 것으로 생각해야 할 것이다(이 개념에 대해서는 다음 장에서 더 자세히 살펴볼 것이다).

정·재계가 추진하는 글로벌 인재 육성의 영어 교육은 '영어에 의한 의사소통 능력을 향상'하는 것을 목적으로 한다. 그러나 여기서 말하는 '의사소통 능력'이란 시험으로 측정 가능한, 좁은 의미의 언어 능력, 즉 '듣기, 말하기, 읽기, 쓰기'의 네 가지 기능을 일컫는 것으로 〈그림 5〉에 제시한 '경계를 초월하는 커뮤니케이션'을 의미하는 것이 아니다.

주재원들은 토익과 같은 시험에서 측정하는 언어 능력과 실제로 해외 업무에서 필요한 의사소통 능력에는 큰 차이가 있다고 말한다. 마찬가지로 시험에서 측정하는 언어 능력과 학교에서 배우는 문법

사이에도 큰 차이가 있다. 예를 들면 고등학교 영어 수업에서는 영어의 '현재분사와 과거분사의 형용사적, 부사적 용법'을 배운다. 주어진 예문에서 어떤 용법이 사용되었는지 구분하는 연습도 한다. 하지만 이런 영어 교육법은 글로벌 인재 육성이라는 교육 목적에 부합하지 않을뿐더러 거의 의미 없는 활동에 가깝다.

학교 시험을 위한 영어 지식이 의사소통 능력으로 전환되지 못하는 이유는 학교의 학습 평가 방법, 교사 연수 문제 외에 입시 학원 같은 사교육과도 관계가 있을 수 있다. 2020년부터 네 가지 기능을 측정하기 위한 민간 영어 시험이 대학 입시에 도입되면 영어 의사소통 능력을 습득하는 게 가능할까? 대학에서 학생들의 영어 실력을 평가할 때 민간 시험을 통한다면 졸업생들의 영어 의사소통 능력이 향상될까? 결국, 의사소통 능력을 어학 능력(네 가지 기능)과 동일시해 버리는 함정에 빠지는 것은 아닐까?

'글로벌 인재의 영어 교육 시책'과 '기업의 요구' 사이의 간극

신자유주의 사회에서 영어 의사소통 능력은 글로벌 인재 육성의 핵심이라고 생각된다. 그러나 일본 교육 시책에서는 '의사소통 능력'과 '시험에서 측정 가능한 영어 능력'을 동일시하는 경향이 강해, 사실상 앞서 살펴본 해외 주재원들의 견해와 큰 차이를 보인다.

이런 차이는 2017년에 일본 총무성이 발표한 '글로벌 인재 육성 추진에 관한 정책 평가서'에서도 잘 드러난다. 이 문서는 교육 기본법을 바탕으로 2013년에 책정한 '제2기 교육진흥기본계획' 속 '글로벌 인재 육성 추진에 관한 관련 교육 시책 평가'와 해외 진출 기업을 대상으로 한 의식 조사 자료를 근거로 작성되었다. 의식 조사에 참여한 기업이 보낸 자료를 읽어 보면 앞서 소개한 주재원들의 의견과 상당 부분 동일하다는 것을 알 수 있다.

- 토익에서 고득점을 받기 위한 영어와 해외에서 실제로 사용되는 영어에는 차이가 있다.
- 영어를 할 수 있는 것과 일을 잘하는 것은 다르기 때문에 학생들은 어학 능력 이외에 해외 진출 기업이 필요로 하는 능력을 익히는 것이 좋다.
- 영어 능력을 국가의 목표 및 지표로 삼는 것에 의문이 든다.
- 대학은 전문 지식을 전수하는 것을 그 첫 번째 교육 목표로 설정하고 외국어는 그것을 전달할 수 있는 수단으로 가르치는 것이 좋다.
- 일본의 영어 교육은 문법 교육에만 지나치게 편중되어 있다. 의사소통 능력을 높이기 위한 교육이 필요하다.
- 해외 현장에서는 영어가 능숙하지 않더라도 몸짓, 손짓을 사용해서 외국인과 의사소통할 수 있는 사람을 원한다.

• 최근에는 중국과 동남아시아, 대만 등에서 일하는 사례가 많아졌다. 영어만 잘하면 의사소통이 가능할 거라고 생각하는 사람이 많지만, 도시가 아닌 지방의 공장에 가면 영어가 통하지 않는 경우가 많으므로 현지어의 필요성이 높아지고 있다.

그런데 영어 교육 정책 평가의 학습자 관련 항목을 보면 중학교, 고등학교, 대학교 모두 졸업할 때 민간 영어 시험을 통해 어떻게 학습 목표를 달성하게 할 것인가에 대해서만 명시하고 있다. 심지어 '권고' 부분에는 중학생과 고등학생의 영어 능력 향상만이 제안되어 있을 뿐, 어떻게 '의사소통 능력'을 갖추게 할 것인지, 어떻게 영어 이외의 언어 학습을 장려할 것인지에 대해서는 전혀 언급되어 있지 않다.

일본 경제계 요구를 토대로 작성한 영어 교육 시책임에도 불구하고 이 같은 간극이 생기는 것은 참 이해하기가 힘들다. 어째서 영어 교육 정책은 어학, 그것도 시험을 통해 측정할 수 있는 정확성과 규범 기술에만 집착하는 것일까? 억측일지 모르지만, 평가의 용이함이 그 이유가 아닐까 싶다. 상대적으로 '경계를 초월하는 커뮤니케이션' 능력은 측정하기가 어렵다. 또 다른 이유는 영어 교육산업과 영어 시험 관련 산업을 활성화할 수 있다는 이점 때문일 것이다. 이에 대해서는 앞으로 좀 더 검증해 볼 필요가 있다.

인터뷰를 한 주재원 중에는 고등학교만 졸업한 사원도 있었지만 대부분이 대학교 졸업자였다. 그리고 그들은 모두 신자유주의에 의한 자유 시장의 혜택을 받아 대기업에 취직하고 경제적 성공을 이룬 사람들이었다. 그렇기 때문에 그들의 성공이 영어 능력 덕에 성취된 것은 아닐지라도 그들의 경험을 토대로 일본의 영어 교육 정책을 비판하는 데에는 모순이 있다.

이번 연구에 참여해 준 사원들은 글로벌 인재로서 해외 현장에서 다양한 언어와 문화, 사람들과 교류하면서 활약하고 있는 인물들이다. 그러나 신자유주의는 '승자'와 '패자'의 격차를 더욱 두드러지게 하고 심화시켰다. 아무리 노력하더라도 경제적 이유로 충분한 교육을 받지 못하여 정사원이 되지 못하는 사람들도 있다. 그렇다면 이들을 위한 영어 교육은 과연 어떤 교육이어야 할까? 인터뷰에 응해 준 사원들의 해외 경험을 토대로 영어 교육에 대한 제안을 하는 것이 과연 합당한지 고민이 되기도 한다.

여기서 주목할 점은 신자유주의와 다양성에 대한 감수성은 서로 긴밀히 연계되어 있다는 것이다. 정치학자 윌 킴리카Will Kymlicka는 이를 '신자유주의적 다문화주의Neoliberal multiculturalism'라고 부른다. 다국적 기업이 국경을 넘어 신자유주의 경제 활동을 추진하기 위해서는 필연적으로 각국의 다양성을 인지해야 한다. 이는 기업에서 사용하는 '다양성 관리 diversity management'라는 단어에도 잘 나타나 있다. 지금까지 국내에서만 이루어졌던 투자와 고용, 개발, 생산, 판매, 광고 등이 국경을 넘어 해외에서 이루어지고 있다. 따라서 다양성을 인정하고 활용하는 것이 기업 전략의 일부가 되었다. 해외 주재원들에게 요구되는 '경계를 초월하는 커뮤니케이션' 능력이 궁극적으로 기업의 생산성을 강화하기 위한 수단이 되기도 하는 것이다. 그러나 이런 능력이 반드시 기업인들에게만 필요한 것은 아니다. 서로를 이해하고 양보하는 태도와 능력은 건전한 사회를 구축하기 위해 우리 모두가 갖추어야 할 소양이기도 하다.

영어를 포함한 언어 학습에는 다양한 방법과 의미가 있다. 학교에서의 외국어 학습과 교실 밖에서 이루어지는 외국어 학습의 목표와 목적은 분명 같지 않을 것이다. 의사소통 능력 향상이 학교에서 이루어지는 외국어 학습의 유일한 목표는 아니다. 자신을 찾고 표현하며 보다 인간적으로 여유롭고 풍요로워지기 위해 학습하는 경우도 있다. 이 점에 관해서는 '환상 10'에서 더 자세히 살펴보고자 한다.

한국에서 영어 사교육비가 높은 이유

한국 사회에서 개인의 영어 실력이 실제 그들에게 경제적 부와 사회적 성공을 가져다주는지, 만약 그렇다면 개인의 언어적 능력이 그 결과에 어느 정도 영향을 미쳤는지에 대해 정확히 파악하기 어렵다. 무엇보다 개개인에게 경제적 부와 사회적 성공이 무엇을 의미하는지 정의하기 어렵고, 실제로 경제적 부와 사회적 성공에 영향을 미치는 요인에는 개인의 영어 실력 이외에 다양한 요인이 존재하기 때문이다.

역사적으로 한국인들은 유창한 영어 실력을 갖춘 사람들이 대학 입시, 취업, 승진 등에서 상대적으로 유리한 위치에 선점하는 것을 목격해 왔기 때문에 특정 그룹의 한국인들은 이제껏 그들이 받았던 사회적 혜택을 유지하기 위해, 또 다른 그룹의 한국인들은 사회적 혜택을 새롭게 얻고자 영어 교육을 강조하고 있다. 그 영향으로 영어 교육과 관련하여 한국 사회의 독특한 교육 이슈가 등장하곤 한다.

대표적인 예가 '기러기 아빠'다. 2000년대 초반, 조기 영어 교육을 위해 어린 자녀와 어머니가 함께 혹은 어린 자녀 혼자서 영어권 국가로 유학을 가고, 아버지는 한국에서 경제적 지원을 하는 것이 유행하면서 생긴 단어다. 국내 거주 외국인들의 교육을 위해 설립된 외국인 학교에 한국인 자녀를 입학시키기 위해 몇몇 학부모가 자녀의 해외 거주 기간을 임의로 조작하는 사례가 적발되기도 했다. 또한 모든 수업을 영어로 진행하는 국제 학교가 한국인 학생을 대상으로 국내 곳곳에 설립되었고,

매월 수백만 원 이상의 교육비를 내야 입학할 수 있는 영어 유치원도 성행하고 있다. 이런 한국의 영어 교육 열풍은 최근 통계청에서 조사한 영어 교육의 사교육비를 통해 확인할 수 있다. 2019년 통계청에서 전국 초·중·고 1,486개교의 학부모와 학교 교사 4만여 명을 대상으로 조사한 결과 2018년 사교육비의 총액은 약 19조 5,000억 원이었고, 그중 영어 교육에 지출한 비용은 5조 7,000억 원으로 가장 많은 부분을 차지한 것으로 나타났다.

자신의 경험을 토대로 자녀들이 영어를 잘하면 그만큼 사회적으로 우위를 차지할 것이라고 기대하며 아낌없이 교육비를 지원하는 한국 부모들의 마음도 한편으로는 이해가 된다. 하지만 이런 기대와 달리 많은 학자는 신자유주의 체제에서 '영어가 실제로 개인의 경제적 부와 사회적 성공을 가능하게 하는 결정적인 요소'라는 명제를 비판적인 시각으로 바라본다. 오히려 한국의 영어 교육 시장과 관련된 이해당사자들이 그들의 이익을 극대화하기 위해 '글로벌 시대의 인재 육성'이라는 새로운 틀을 만들고, 사회 전반에 걸쳐 영어 낙오자의 위기감을 조장하고, 나아가 과열된 영어 교육 시장의 분위기를 만든다는 것이다. 특히 박성열은 그가 쓴 다수의 책과 논문에서 한국의 영어 교육 분위기에 대해 비판적인 시각을 밝히고 있다. 그가 비판하고 있는 부분은 한국 기업에서 업무상 영어 사용의 기회가 적음에도 입사 지원자에게 끊임없이 영어 실력을 요구하는 것, 공인 영어 시험 주관사가 막대한 이익을 창출하는 것, 비원어민 화자가 끊임없이 불안해하며 완벽한 영어를 구사하고자 노력하는 것 등이다.

영어 학습자들이 영어를 배우는 목적이 무엇인지, 또 무엇에 중점을 두고 영어를 익혀야 하는지 알지 못한 채 막연히 영어를 통한 사회적, 경제적 성공을 꿈꾸고 유창한 영어 사용자가 아닌 원어민 영어 화자가 되기를 꿈꾼다면, 목표한 바를 이루기 전에 자신감을 잃고, 영어 공부를 포기할 가능성이 매우 크다. 따라서 영어를 외국어로 익히는 비원어민 화자가 현실적으로 성취 가능한 영어 학습의 목표가 무엇인지 생각하고, 이를 위한 구체적인 성취 계획을 세울 필요가 있다.

영어는 가능한 한 빨리
시작하는 것이 좋다

"영어 회화 수업이 초등학교부터 도입이 될 거라는 이야기도 들었고, 어렸을 때부터 시작해야 영어 발음도 좋다고 들어서요. 그리고 귀가 일본어로 굳어지기 전에 배우는 게 좋지 않을까도 싶고."

"어릴 때부터 영어에 친숙하고 외국 사람도 접해 봐야 나중에 커서 영어에 대한 콤플렉스 없이 영어를 할 수 있고, 자연스럽게 외국인과 교류하는 것이 가능할 것 같아요."

약 10년 전쯤 일본의 작은 지방 도시에서 영어에 대한 인식을 조사하기 위해 어린이 영어 교실에 온 어머니들과 인터뷰한 적이 있었다. 앞서 소개한 내용은 그때 어머니들이 한 이야기이다. 그들 중에는 자신이 미국에 이주하여 살고 싶은 꿈이 있어서 아이가 태어나기도 전에 아이를 이중언어 화자로 키우겠다고 결심한 사람도 있었다. 그녀는 매일 집에서 영어 DVD만 틀어 놓고 있다고 한다.

외국어를 가능한 한 일찍 시작하는 게 좋다는 건 이미 사회적 통념이 된 듯하다. 일본 정부도 30년 전부터 초등학교의 영어 교육을 구상하기 시작했다. 당시 문부성(현 문부과학성)의 「조사연구협력자회의 보고서」(1993)에는 다음과 같은 내용도 적혀 있다.

> 아동은 외국어에 대한 흥미가 높고 표현도 솔직할 뿐 아니라 외국어 발음도 그대로 흡수하기 때문에 외국어 습득하기에 적절한 시기라고 할 수 있다.

그러나 이런 주장이 과연 실증적 연구로 증명된 것일까? 이 장에서는 이와 관련된 응용언어학의 연구 결과를 정리하고 고찰해 보도록 하겠다.

초등학교의 영어 교육 도입

일본에서 처음으로 조기 영어 교육 도입이 검토된 것은 1980년대 임시 교육 심의회에서다. 제2차 답신答申에서는 세계화 대응의 일환으로 영어 교육을 시작할 시기를 검토하도록 했다.

그 후, 일본 초등학교의 영어 교육 도입은 1990년대부터 순조롭게 진행되어 왔다. 1998년에 발표된 2002년도 학습 지도 요강에서는 '외국어(영어) 회화'가 국제 이해 학습의 일환으로 지정되어 '종합 학습 시간'에 포함되었다. 연구학교도 지정되어 그 범위가 점차 확산되었다.

2011년에 실시된 학습 지도 요강에서는 영어가 초등학교 5, 6학년의 필수 '외국어 활동'으로 지정되었고 연간 35시간, 즉 주당 한 시간씩 수업하도록 지정되었다. 2020년부터 실시될 학습 지도 요강에서는 지금까지 진행해 온 '외국어 활동'이 3, 4학년으로 내려가고, 영어가 5, 6학년의 필수 교과로 지정되었다.

초등학교의 영어 도입은 여러 분야의 힘이 작동한 결과이다. 첫째는 앞에서 언급했던 일본 경제계의 힘이다. 초등학교부터 영어 교육을 시작하면 영어 학습 관련 학원과 출판업이 돈을 벌게 되고, 이에 따른 경제적 효과가 발생한다. 이웃 나라의 영향도 무시할 수 없다. 예를 들어 한국은 1997년부터, 중국과 타이완은 2001년부터 영어를 초등학교의 필수 과목으로 채택했다. 일본인의 토익과 토플 평균 점수가 다른 나라에 비해 너무 낮다는 위기감도 배경이 되었다. 테라자와 타쿠노리寺沢拓敬의 무작위 추출 데이터 분석에 의하면, 일본인의 영어 실력이 세계적으로 낮은 것은 사실이지만 동아시아나 남유럽 국가와 특별히 큰 차이를 보이지는 않는다고 한다.

따라서 '영어 = 국제 공용어'라는 환상과 신자유주의적 글로벌

인재 육성의 이데올로기, 그리고 영어 산업 부흥에 대한 경제적 욕망
이 서로 어우러져 위와 같은 일본의 교육 정책이 강행된 것이라 할 수
있다.

찬성과 반대 의견

영어 교육은 빨리 시작하면 시작할수록 좋다고 말하는 사람들은
"아이들은 두려움 없이 자신을 표현하고 소리를 스펀지처럼 흡수하
여 발음도 좋아진다."라고 주장하며, 발달 단계에 보이는 아이들의
긍정적인 학습태도와 학습 효과를 그 근거로 제시하곤 한다. 또한 외
국인을 자연스럽게 접할 수 있을 뿐만 아니라 타 문화를 접하면서 시
야를 넓힐 수 있을 거라는 기대도 있다. 먼저 "발음이 좋아진다."라는
말에 대해 생각해 보자. 이 표현에는 지금까지 논의해 온 정통 영어에
대한 이데올로기가 숨어 있다. 영어에는 '좋은 발음'과 '나쁜 발음'이
있다는 것이다. 그리고 여기서 '좋은 발음'이란 아마도 미국 백인의
영어나 다른 중심원 국가의 표준 영어를 사용하는 원어민의 발음을
말하는 것일 거다. 한편, '나쁜 발음'은 일본식 영어 발음이다. "발음
이 좋아지기 때문에 어렸을 때부터 영어를 배워야 한다."라는 논리는
자칫 원어민을 무조건 높이 평가하는 인식을 갖게 만들 수 있다.

실제로 초등학교에서 영어 교육이 실행되고 있는 지금, 과연 모든

어린 학생들이 영어를 원어민처럼 발음할 수 있을까? 원어민이나 영어가 능숙한 지역 인재가 확보되지 않은 학교에서는 학급 담임이 수업 계획 작성은 물론, 실제 수업까지 도맡아야 한다. 물론 학급 담임 중에는 영어 실력이 뛰어난 교사도 있겠지만, 모두가 그렇지는 않다.

다음으로 "외국인을 접할 수 있고 외국인과 대화하는 것에 두려움이 없어진다."라는 견해에 대해서 생각해 보자. 여기서 '외국인'이란 누구를 지칭하는 것일까? 백인일까 흑인일까? 혹시 동양인? 결국 여기에도 암묵적인 이데올로기가 숨어 있다.

초등학교에서 영어를 가르치는 것을 반대하는 사람도 있다. 지도 교사 능력이 가장 큰 고민거리인 것 같다. 만약 교사의 영어 지도 실력이 좋지 않으면 높은 학습 효과를 기대할 수 없을 뿐만 아니라 영어가 정규 과목으로 지정되었을 때 교사는 영어 지도 및 평가에 할애해야 할 시간이 늘어나고 이에 대한 부담도 커지기 때문이다.

또 하나의 걱정은 학생들의 학습 태도다. 질 높은 교육이 뒷받침되지 않으면 도리어 학생들이 학습 의욕을 상실하거나 영어를 싫어하게 될 가능성도 있다. 따라서 학생들이 중학교 입학 시기가 되었을 때 오히려 영어에 대한 흥미를 잃어버리게 되는 역효과를 낳을 수도 있다.

언어 습득의 관점에서 초등학교의 영어 교육을 반대하는 사람도 있다. 어렸을 때부터 영어를 배우기 시작하면 일본어를 학습하는 데 부정적인 영향을 미칠 수 있다는 이유다. 결론부터 말하자면, 이 견해가 틀린 것은 아니다. 이 점에 대해서는 언어 습득과 관련된 실증 연구를 바탕으로 더 자세히 알아보겠다.

하지만 그 연구들을 소개하기 전에 두 가지 다른 환경에서 이루어지는 언어 습득에 대해서 알아보자.

부가적 언어의 학습과 외국어 학습의 차이

영어권 나라에서 아이와 살아 본 경험이 있는 학부모들은 그때의 경험을 예로 들면서 조기 영어 교육을 권장하는 경우가 종종 있다. 그리고 자신의 아이가 얼마나 빨리 초등학교에서 영어를 배웠는지, 얼마나 '좋은 발음'을 할 수 있게 되었는지에 대해 이야기하며 일본에서도 어렸을 때부터 영어를 배우는 것이 좋다는 논리를 편다. 그런데, 여기서 간과해선 안 되는 문제가 하나 있다. '부가적 언어(제2언어) 습득'과 '외국어 습득'은 학습 환경과 목표에서 큰 차이가 있다는 것이다.

영어권 나라에 가서 현지 학교에 다니면 자연스럽게 영어에 둘러싸여 학교생활을 하게 된다. 많은 경우, 이런 학생들은 현지 학생들과는 따로 분리된 다른 교실에서 '부가적 언어로서의 영어English as an Additional Language: EAL'를 특별히 지도받게 된다. '제2언어로서의 영어English as a Second Language: ESL'라는 명칭도 있지만, 학습자에 따라서는 영어가 '제2언어'가 아닌 '제3언어', '제4언어'일 수도 있기 때문에 '부가적 언어additional language'라는 용어를 사용한다.

'부가적 언어로서의 영어'의 학습 목적은 학교의 모든 교과목(수학, 과학, 사회, 영어 등)을 영어로 배우고 이해하며 자기를 표현할 수 있도록 하는 것이다. 즉, '학습 언어'로서 영어를 습득하는 것이 주목표다. 따라서 초기에는 학교에 적응할 시간과 간단한 영어 표현을 습득할 시간이 필요하겠지만, '부가적 언어로서의 영어' 교육에서 가장 중심이 되는 것은 리터러시literacy, 읽고 쓰기, 특히 '학습 언어'의 습득이다.

이에 반해 일본 초등학교에서 배우는 영어는 '외국어로서의 영어English as a foreign language: EFL'이다. 현재 일본 초등학교에서 영어는 주 1회 수업을 원칙으로 한다. 영어 수업이 끝나면 모든 것이 일본어 세상이다. 일본에선 영어로 전 과목을 배우는 것이 목표가 아니다. 학습 지도 요강에 따르면 초등학교 외국어(영어) 교육의 목표는 "의사소통을 구사할 수 있는 기본적 자질과 능력을 향상시키는 것"이며 "언어의 네 가지 기능을 사용하여 간단히 대화하고 이해하고 영어권 문화에 대한 이해를 심화시키는 것"이다.

최근 들어 영어 교육이 중시되면서 영어 교사들의 해외 연수도 늘어나고 있는 추세다. 보통은 영어를 제2언어로 사용하는 내심원 국가로 연수를 가는데, 해외 연수 활동에 꼭 포함된 것이 바로 현지 학교 방문이다. 일본의 영어 교사가 ESL 수업을 참관하며 EAL 교원들이 실천하는 영어 교수법을 직접 보고 배운다는 취지에서 시작되었다. 물론, 그곳의 교사와 학생 간의 관계를 보면 참고할 만한 것도 있겠지만, 학습 목표가 다르기 때문에 ESL의 교실 환경과 교수법을 그대로 일본에 적용할 수는 없다. 교수법을 배우고 싶다면 경험이 풍부하고 가르치는 기술이 뛰어난 외국어 교사, 예를 들어 미국의 초등학교나 중학교, 고등학교에서 일본어나 스페인어 등을 가르치는 교사의 수업을 참관하는 것이 더 유용하지 않을까?

연령과 언어 습득의 관계

자, 그럼 언어 습득과 나이는 어떤 관계에 있을까? 나이와 언어 습득의 관계를 설명할 때 '결정적 시기'라는 개념이 자주 사용된다. 이는 특정 능력이 일정 나이까지만 발달한다는 가설이다. 다시 말해, 일정 나이까지 언어를 습득하지 않으면 그 후에는 그 능력이 쇠퇴해버려 언어를 습득하기가 어려워진다는 말이다.

버틀러 고토 유코Butler 後藤裕子는 자신의 저서『영어 학습은 빠를수록 좋은가英語学習は早いほど良いのか』에서 나이와 언어 습득에 관련된 해외 및 국내 학술 연구를 정리해 두었다. 버틀러가 정리한 연구들에 따르면 '부가적 언어 습득'의 경우, 나이가 언어 습득에 영향을 미치기는 하지만 '결정적 시기'와 같이 특별한 기간이 존재하는 것은 아

니며, 그는 "연령적 제약은 다양한 요인과 연결되어 동적이고 복잡한 양상을 보인다."라고 주장한다. 반면, '외국어 습득'의 경우는 "빠르면 빠를수록 좋다."라는 주장을 뒷받침해 주는 연구는 없고, 오히려 그 반대의 의견을 제시하는 연구 보고서는 있다고 한다.

그럼, 각각의 경우를 살펴보도록 하자.

부가적 언어 습득과 나이

'부가적 언어'를 습득하는 경우에는 학습을 시작하는 나이가 어리면 어릴수록 높은 언어 수준에 도달할 수 있다는 연구 결과가 많다. 특히 발음과 같이 음성과 관련된 학습은 빨리 시작할수록 유리하다고 한다. 형태소와 통사구조, 즉 문법의 경우에도 일찍 시작하는 것이 전반적으로 유리하지만, 이는 형태소와 통사구조의 실험 항목에 따라 결과에 큰 차이가 있기 때문에 한 가지 결론을 내리기 어렵다는 것이 전문가들의 의견이다.

언어 습득과 나이에 관한 연구는 교육 분야에서도 진행되고 있다. 예를 들어, 북미의 초등학교와 중학교에 다니는 이민자 아이들을 대상으로 한 연구가 있다. 유아기에 이민 온 아이들과 사춘기 때 이민 온 아이들의 영어 습득 정도를 비교한 결과, 대체로 어렸을 때 이민 온 아이들이 영어를 더 잘했지만, 사춘기 때 이민 온 아이들의 학습 속도가 더 빠르다는 것을 발견했다. 즉, 어렸을 때부터 영어 공부를 시작한 경우에는 긴 시간 동안 학습해 왔기 때문에 영어 실력이 더 뛰어났지만, 사춘기 때부터 공부를 시작한 학생들은 그렇지 않은 학생들보다 같은 분량의 내용을 배우는 속도가 더 빨랐다는 것이다. 사춘기 학생들이 더 빨리 배우는 이유는 높은 인지 능력을 활용하여 문법과 어휘를 분석적으로 이해하며 습득하기 때문이다.

개인차와 적성에 따라 다르긴 하지만 성인이 된 후에 영어를 배워도 상당히 높은 수준까지 도달하는 사람도 있다. 예를 들어 일본에서 '파군'이라는 이름으로 활동하는 미국 출신 탤런트 패트릭 하란Patrick Harlan은 23세에 처음 일본에 와서 일본어를 배우기 시작했다. 미국 출신의 시인 아서 비나드Arthur Binard도 22세에 처음 일본어를 접하고 일본어 공부를 시작했다. 지금 이 둘은 모두 아주 뛰어난 일본어 실력을 가지고 있다. 심지어 아서 비나드는 일본어로 시를 쓰는, 아주 드문 재능을 가지고 있다. 외국에서 온 스모 선수들도 단기간에 일본어 실력이 훌쩍 느는 것을 자주 본다. 하지만 '일본어 비원어민 화자들이 원어민 화자와 완전히 동등한 언어 실력을 가지고 있는가?'라고 묻는다면 그렇지 않을 수도 있다. 단, '환상 1'에서 말했듯이 영어뿐만 아니라 어떤 언어의 경우에도 원어민 화자와 비원어민 화자를 객관적으로 구분하는 것은 불가능하다. 그리고 언어 능력이란 음성과 형태소, 통사구조를 비롯하여 대우법과 글을 읽고 쓰는 능력이 통합된 능력이므로 원어민 화자조차 개인에 따라 각 언어 요소에 능력 차이를 보일 수 있다.

　원어민 화자를 표준으로 삼는 규범주의는 비원어민 화자를 영원히 'L2 학습자(제2언어 학습자)'로 간주해 버린다. 비비언 쿡Vivian Cook이 제창한 'L2 사용자(제2언어 사용자)'라는 개념은 언어 학습자를 '원어민 화자의 흉내 내기(불완전한 원어민 화자)'로 치부하는 것이 아니라, 그들을 특별하고 뛰어난 능력을 가진 정통 언어 사용자로 인정한다. 대표적으로 외국인 스모 선수는 유능한 'L2 사용자'라고 할 수 있겠다. 애초부터 부가적 언어 습득을 연구하기 위해서 피험자의 언어 능력을 원어민 화자의 언어 능력과 비교하는 것 자체가 타당치 않은 일이다.

외국어 습득과 나이

　유럽에서 외국어 습득과 나이의 관계를 연구할 때는 주로 '외국어로서의 영어'에 초점을 맞추어 진행해 왔다. 그중에서 카르멘 무노즈Carmen Muñoz의 연구팀이 실시한 대규모의 장기 연구가 대표적인 사례인데, 버틀러 고토 유코Butler 後藤裕子가 이 연구에 대해 소개했다. 스위스에서 시몬 페니거Simone E. Pfenninger와 데이빗 싱글튼David Singleton이 진행한 연구도 최근에 출판되었다. 이 두 연구에서는 초등학교 때(8세)부터 영어를 배우기 시작한 그룹과 그보다 늦은 시기

(12~14세 혹은 18세)에 영어를 배우기 시작한 그룹을 긴 시간 동안 서로 비교하면서 그들의 영어 숙달도를 측정했다. 그 결과, 부가적 언어 습득에 대한 연구와 마찬가지로 '나이가 많은 학습자들의 습득 속도가 빠르다.'라는 사실을 알 수 있었지만, '어린 학습자들의 결과가 더 좋다.'라는 결과는 얻지 못했다. 예를 들어 페니거와 싱글튼의 연구에서는 초등학교부터 영어를 공부한 그룹과 중학교부터 영어를 공부를 한 그룹의 영어 숙달도를 중학교 입학 6개월 뒤, 그리고 약 6년 뒤(고등학교 졸업 후)로 나누어 비교했다. 그 결과, 첫 번째 측정 시 중학교부터 공부한 그룹이 초등학교 때부터 공부한 그룹보다 어휘 이해나 표현 어휘 수를 제외하면 더 높은 수준의 언어 능력을 보였으며, 약 6년 후에 측정했을 때에도 두 그룹에서 유의미한 차이가 나타나지 않았다. 즉, 초등학교부터 영어를 배우기 시작한 학생들이 중학교부터 배우기 시작한 학생들보다 영어 습득 면에서 더 유리하다는 것은 증명되지 않았다. 그리고 흥미롭게도 스위스와 스페인에서 이루어진 연구에서는 영어 학습자들이 유독 12세쯤에 형태소와 통사구조를 빨리 습득한다는 것을 밝혀냈다.

왜 어렸을 때부터 외국어 환경에서 영어 공부를 시작해도 학습 효과가 없는 것일까? 그중 가장 큰 이유는 부가적 언어 습득의 환경과 비교해서 영어의 인풋input과 아웃풋output의 양이 압도적으로 적기 때문이다. 페니거와 싱글튼은 이와 관련된 계산법을 하나 소개했다. 생후, 자연환경에서 5년간 언어를 습득하는 것은 외국어를 80년간 공부하는 것과 같다고 한다. 또한, 주 5시간의 외국어 수업을 1년 간 200시간에 걸쳐 들어도 이를 자연환경에서 습득하는 것으로 환산하면(1일을 10시간) 겨우 3주에 지나지 않는다고 한다.

이 계산법을 2020년부터 도입될 일본 초등학교의 영어 수업에 적용해 보자. 5, 6학년생은 연간 70시간, 3, 4학년생은 35시간의 영어 수업을 듣게 된다. 초등학교의 수업은 1시간에 45분이다. 이를 자연환경에서 영어를 습득하는 시간으로 환산해 보면, 각각 1년간 5일과 이틀 반 정도의 시간에 지나지 않는다. 중학교와 고등학교의 영어 수업 시수도 5, 6학년의 2배 정도에 지나지 않기 때문에 10년간 꾸준히 수업을 들어도 총 시간 수는 자연환경 습득 시간으로 따졌을 때 90일도 되지 않는다고 한다. 영어 교육 연구자인 테라지마 타카요시 寺島隆吉와 야마다 유이치로山田雄一郎도 이처럼 적은 영어 수업 시간에 너무 높은 기대를 가지는 것은 문제가 있다고 지적한다.

물론, 학교 수업 밖에서 영어 학습이 이루어지는 사례도 있다. 그뿐만 아니라, 영어 습득 정도를 수업 시간만으로 측정할 수는 없다. 다양한 변수가 영향을 미치고 있기 때문이다. 자연 습득과 의도적 학습에 의한 습득은 그 과정도 다르다. 다음으로 학습자의 영어 습득에 영향을 미치는 여러 요소에 대해서 생각해 보자.

영어 습득의 정도는 다른 요소의 영향을 받는다

초등학교의 영어 수업 시수는 아이들이 자연스럽게 영어를 배우는 환경과 비교하면 아주 적다. 물론, 외국어 환경이라고 해도 학습자에 따라서는 학교 교실 밖에서 영어를 접하는 학생들도 있을 것이다. 2017년 '전국 학력 및 학습 상황 조사'의 설문 조사 결과에 따르면, 초등학교 6학년생의 약 40%가 학원에 다닌다. 학교 수업 이외에 학원 등에서 1시간 이상 2시간 미만 공부하는 학생은 37.1%, 2시간 이상 공부하는 학생은 27.5%에 달한다. 물론 그 모든 시간을 다 영어 공부에 할애하는 것은 아니겠지만, 학교 이외의 학습 시간도 영어 습득에 기여할 가능성이 크다.

앞서 소개한 유럽의 연구에서는 영어 공부를 시작한 나이와 습득 정도 간에 상관성을 찾지 못했다. 하지만 학교 수업 이외의 학습 활동과 단기 유학에 투자한 시간은 서로 유의미한 상관관계를 갖는다는 것을 발견했다. 음악과 영화 등 영어와 관련된 대중문화를 접하거나 인터넷을 통해 영어로 된 정보를 읽거나 듣는 활동도 어학 실력을 늘리는 데 도움이 된다고 한다.

이는 '외국어로서의 일본어' 학습의 경우에도 마찬가지다. 세계 곳곳에서 일본 애니메이션과 만화에 매료되어 일본어를 배우기 시작한 학습자들을 찾아볼 수 있다. 독학으로 일정 수준의 일본어 실력까지 도달한 학습자도 늘어나고 있다.

물론, 동기가 없으면 아이들도 수업 이외의 시간을 투자하면서 까지 외국어를 공부하려고 하지 않을 것이다. 교실에서의 학습도 학생들의 학습 의지 없이는 좋은 결과를 얻기 힘들다. 페니거와 싱글턴의 연구는 외국어 학습을 시작한 나이보다 학습 동기가 외국어 습득에 더 큰 영향을 미친다는 것을 보여 준다.

외국어 습득을 좌우하는 요인으로 교수법과 학급 환경도 꼽을 수 있다. 교수법 중에 이머전immersion 교육(혹은 몰입 교육)이라는 교수법이 있는데, 외국어로 모든 교과 내용을 배우는 내용 중심 접근법이 있다. 이 교수법은 외국어를 언어로서 배우는 종래의 접근법보다 더 효과적이라고 알려져 있다. 하지만 이 교수법의 경우라도 몰입 교육을 어렸을 때부터 시작하든 사춘기부터 시작하든 언어 습득 정도에는 큰 차이가 없다는 것이 밝혀졌다. 몰입 교육에서는 외국어를 매개로 하는 수업 시간이 자연히 많아진다. 앞서 기술한 것처럼 외국어 습득 환경에서는 학습 시간이 늘어날수록 좋은 효과를 볼 수 있다. 그리고 단기 유학과 같은 집중 학습 프로그램이 일반 교육 프로그램보다 더 효과적이라는 것도 일부 연구를 통해 밝혀졌다.

지금까지의 내용을 요약하면, 외국어 습득이 나이와 밀접한 관계가 있다는 것은 실증 연구를 통해 증명된 적이 없다. 오히려 나이보다는 학습의 양(학습 시간)과 집중도, 교육의 질이 학습 성취에 더 영향을 미치는 것으로 밝혀졌다.

모어가 아직 확립되지 않은 아이에게 영어를 가르치면 모어 실력도 어중간해진다는 이유로 초등학교의 영어 교육 도입을 반대하는 의견도 있다. 우리 뇌 속에는 언어를 처리할 수 있는 공간이 한정되어 있기 때문에 모어 이외의 언어를 배우게 되면 모어 학습을 위한 공간을 줄이고 외국어 학습을 위해 새로운 공간을 만들어야 한다는 것이 그들의 주장이다.

그러나 이는 이중언어 학습의 연구자인 짐 커민스Jim Cummins의 '언어 상호 의존설'에 의해 반증되었다. 이 가설에 따르면, 이중언어(또는 다언어) 학습을 할 때 외국어와 모어는 표면상으로 서로 다른 언어 체계를 가진 것으로 보이지만, 기저 인지 단계에서 볼 때는 결국 동일한 언어 처리 능력에 의해 그 언어들을 받아들이고 처리한다. 이 가설은 바다에 떠 있는 두 개의 빙산을 단면도로 도식화했을 뿐만 아니라, 세계 각지에서 실시되고 있는 이중언어 교육의 타당성을 뒷받침하는 근거가 되었다. 이 가설에 따르면 부가적 언어 습득과 외국어 습득은 모어 습득과 상호 의존하기도 하고, 쌍방향으로 전이轉移하기도 하면서 이루어진다.

캐나다에는 프랑스어 교육을 위한 프랑스어 이머전immersion 학교가 있다. 캐나다의 공용어는 영어와 프랑스어다. 하지만 프랑스어는 주로 퀘백 주에서만 사용되고 있어, 역사적으로 본다면 소수 민족의 언어라고 할 수 있다. 따라서 퀘벡 주 외에 살고 있는 영어 화자의 아이들이 프랑스어 이머전 학교에서 프랑스어 수업을 받는다.

이머전 교육에는 몇 가지 모델이 있는데, '조기早期 이머전'은 초등학교부터 모든 수업이 학생들의 부가적 언어인 프랑스어로 이루어지는 교육이다. 입학 후 2, 3년이 지나야 영어로 하는 수업을 듣게 되고 학년이 높아질수록 영어 수업 시간이 늘어나지만, 고등학교를 졸업할 때까지 프랑스어로 진행하는 수업도 계속 이어진다.

이 프로그램에서는 학생들에게 교과를 지도할 때 모어(영어)가 아닌 언어(프랑스어)로 지도하기 때문에 다른 학교에 비해 영어 수업의 도입이 늦어지지만, 신기하게도 학생들의 모어 발달과 학력에는 아무런 지장을 주지 않는다. 여기서 우리는 "모어가 확립하기 전에 외국어를 배워도 모어에 부정적 영향을 끼치지 않는다."라는 것을 알 수 있다. 단, 주의할 것은 이 프로그램에서는 영어를 매개로 하는 교과 지도도 함께 하고 있다는 것이다. 즉, 모든 것이 다 프랑스어로만 이루어지는 것이 아니다. 두 언어에 의한 학습이 동시에 진행되는 이중언어 교육인 것이다.

프랑스어 이머전 교육에는 중학교부터 시작하는 '후기後期 이머전' 모델도 있다. 여기서 또다시 외국어는 '빨리 시작할수록 좋을까?'라는 의문을 가질 수 있다. 하지만 '조기'와 '후기' 이머전 프로그램에서 프랑스어를 공부한 학습자들의 학력과 프랑스어 구사 능력을 비교해 보니 역시나 큰 차이가 없다는 결과가 나왔다.

일본 초등학교의 영어 교육 도입을 반대하는 사람들이 제기하는 또 다른 이유는 "영어를 싫어하는 학생들이 늘지 않을까?"라는 염려 때문이다. 페니거와 싱글튼의 연구에 의하면, 중학교 입학 후 바로 실시한 검사에서 초등학교부터 영어를 공부한 학생들이 중학교부터 공부한 학생들보다 학습에 대한 불안감이 더 높게 나왔다고 한다. 하지만 6년 후 다시 측정했을 때는 두 그룹 모두 자신감과 불안감 등의 심리적 요인에 특별한 변화를 보이지 않았다고 한다.

부가적 언어 습득의 경우와 마찬가지로 외국어 학습에도 개인차가 존재한다. 개인차에는 학습 동기 이외에도 심리적 요인, 다른 인지적 능력, 가정의 경제력 등이 포함될 수 있는데, 이 모든 것이 외국어 습득에 종합적으로 영향을 미칠 것이라 생각된다. 그중에서도 특히 모어의 읽고 쓰는 능력의 차이에 대해서 이야기하고자 한다. 5, 6학년부터 영어가 정규 과목으로 채택된다는 것은 영어로 읽고 쓰는 활동을 도입한다는 것과 같은 말이기 때문이다. 그럼, 지금부터 모어의 언어 처리 능력과 외국어 습득의 관계에 대해서 알아보자.

모어 처리 능력과 외국어 습득

앞에서 소개한 '언어 상호 의존설'에 따르면 모어를 읽고 쓰는 능력은 영어를 읽고 쓰는 능력으로 전이된다고 한다. 그런데 모어를 사용할 때는 특별한 문제가 없어 보였는데도 아무리 공부해도 영어가 능숙해지지 않는 아이가 있는 것 또한 사실이다. 왜일까?

1980년대의 응용언어학에서는 '외국어 불안', 즉 학습자가 외국어를 배울 때 느끼는 불안감과 긴장, 초조함 같은 학습자의 심리 현상에 대해 활발히 연구했다. 그리고 최근 학습에 대한 불안과 긴장감이 언어 습득에 부정적 영향을 미친다는 가설이 제기되어 언어 교수법에 파문이 일고 있다.

이 개념에 의문을 제기한 이는 미국 교육심리학자인 레오노르 간쇼Leonore Ganschow와 리처드 스팍Richard Sparks이다. 이들은 외국어 학습에 대한 불안감이 언어 습득에 부정적 영향을 끼치는 것이 아니라, 언어 습득이 생각만큼 순조롭게 이루어지지 않을 때 학습자들은 불안을 느끼게 된다고 가정했다. 그렇다면 언어 습득이 순조롭게 이루어지지 않는 이유는 무엇일까?

한 가지 이유는 모어 처리 능력 때문이다. 모어의 음운과 문법을 식별하는 능력과 그 능력을 토대로 읽고 쓸 수 있는 모어 구사력이 외국어 능력과 비례한다는 연구 결과가 있다. 이는 미국의 중학교와 고등학교에서 스페인어와 프랑스어, 독일어를 외국어로서 공부하는 영어 원어민 학생들을 대상으로 한 연구의 결과다.

음운 인식이란, 예를 들어 cat이라는 단어가 kæt이라는 음소로 구성되어 있다는 것을 인지하는 능력이고, 문자 인식이란 문자와 음운 사이에 일정한 규칙이 있다는 것을 인지하는 능력이다. 이런 인지 능력에 장애가 생기면 '난독증dyslexia, 디스렉시아' 또는 '발달성 읽기 쓰기 장애' 진단을 받기도 한다. 이런 증상은 학습에 큰 장애가 된다. 일본어를 읽을 때도 이런 증상이 나타날 수 있다. 일본어 가나(히라가나와 가타카나)는 음절 단위의 표음 문자지만, 한자 사용을 병행하기 때문에 학습을 더욱 어렵게 만든다.

문제는 이 같은 인식 능력과 실제 읽고 쓰는 능력의 유무가 아니라 이런 능력을 어느 정도 가지고 있는가이다. 이 능력이 많으면 외국어 실력이 좋고, 적으면 외국어 학습에 어려움을 느낄 수 있다. 한편, 평균 정도의 국어 실력을 가졌지만 외국어 학습에는 어려움을 느끼는 학생들도 있다. 모어를 학습할 때는 어려움과 좌절을 겪더라도 계속 배우고 노력하면서 평균 수준의 읽고 쓰기 능력을 발달시킬 수 있었지만, 모어와 전혀 다른 새로운 언어를 배울 때는 학습자의 부족한 능력이 더 뚜렷하게 표면으로 드러나기 때문이다.

이에 대한 효과적인 대처 방법으로 다감각접근법multisensory approach, 즉 시각과 청각, 촉각, 동작을 모두 사용하는 지도법이 있다. 외국어를 단지 듣거나 말하게 하면서 지도하는 것이 아니라, 시각 정보와 동작 등을 이용하며 의미를 보충하고 학습자들의 이해를 높이는 것이다. 예를 들어 외국어로 길 안내하는 방법을 배울 때 단어와 회화 문을 문자를 보면서 읽거나, 방향을 의미하는 단어들을 동작과 함께 말해 보거나, 지도를 보면서 길의 순서를 손가락으로 따라가 보는 것도 효과적인 방법이다. 그리고 철자의 소리와 문자의 결합 규칙을 다루는 음운론과 문법 등의 언어 구조를 알기 쉽게 가르치는 것도 효과적인 지도법이 될 수 있다.

조만간 일본에서도 초등학교부터 영어를 읽고 쓰는 것이 도입된다. 하지만 아이들은 스폰지처럼 언어를 흡수한다는 이유만으로 자연스러운 언어 습득의 경우와 똑같이 가르쳐도 될까? 오히려 그것이 일부 아이들에게는 큰 부담으로 느껴질 수도 있다는 점을 염두에 둘 필요가 있다.

초등학교의 외국어 교육은 과연 의미가 있을까?

지금까지 어리다고 해서 외국어 학습에 더 유리하다고 단언할 수 없음을 살펴보았다. 그리고 언어 습득의 정도가 학습을 시작하는 나이보다 학습의 양이나 질, 집중도와 같은 다른 요인에 의해 더 많은 영향을 받는다는 것을 알게 되었다. 형태소와 통사 구조의 습득이 12세 정도부터 크게 증가한다는 연구 결과를 고려할 때 초등학교의 영어 교육 도입이 과연 합리적 결정인지는 의문이 든다. 오히려 중학교의 영어 수업 시간을 늘리고, 각 수업의 학생 수를 줄여 교사 연수를 강화해서 교육의 질을 높이는 것이 학생들의 영어 실력을 높이는 데 더욱 효과적일지도 모른다.

그렇다면 초등학교에서 매주 1~2시간 동안 외국어를 지도하는 것은 전혀 의미가 없을까? 이 또한 교육의 목적과 상황에 따라 다를 것이다. 확장원 국가에서의 영어 교육은 세계적으로 확산되는 영어 패권에 영향을 받기도 하고, 백인 원어민 숭배와 영어 지상주의를 강화시킬 위험도 있다. 이 같은 경향에 대항하기 위해서라도 영어에만 국한되지 않고, 타 문화와 타 언어의 이해를 돕기 위한 교육이 필요하다. 그뿐만 아니라 '환상 7'에서 소개한 '경계를 초월하는 커뮤니케이션' 능력, 즉 서로 양보하고 상대를 이해하려는 태도와 의사소통 전략 등을 함양할 수 있도록 지도하는 것도 중요하다. 영어 실력만이 글로벌 인재의 조건은 아니다. 보다 넓은 시야와 언어, 문화 교육이야말로 타인을 진정으로 이해할 수 있는 지름길이 될 것이다.

한국의 어린이가 '새로운 언어'를 익혀야 하는 이유

8장에서는 영어가 일본의 정규 교육 과정에서 언제부터 필수 과목으로 도입되었고, 주당 몇 시간씩 가르치는지 소개하며, 일반적으로 사람들이 생각하는 '조기 영어 교육'의 찬성과 반대 의견을 서술하고 있다. 또한 영어 습득의 정도는 학습자가 어느 시기에 영어를 배우는지보다 영어에 대한 노출 기회와 정도, 학습의 질, 영어 학습 환경(영어권 국가에서 부가적 언어로 영어를 습득하는지 혹은 비영어권 국가에서 외국어로 영어를 습득하는지), 심리적 요인 등에 따라 달라진다고 주장한다. 특히 한국과 일본의 영어 교육 환경처럼, 영어를 외국어로서 습득하는 경우, 너무 어린 시기에 외국어를 배우는 것보다 모어 능력이 어느 정도 발달한 뒤 외국어를 습득하는 것이 효과적이라는 연구 결과도 보여 준다.

한국의 조기 영어 교육 상황은 어떤지 살펴보자. 2021년 현재 정규 교육 과정에서의 영어 교육은 초등학교 3학년 때 공식적으로 시작된다. 하지만 일본과 마찬가지로 많은 한국 학생이 그 이전에 영어를 배우기 시작한다. '영어는 가능한 한 빨리 시작하는 것이 좋다.'라고 생각하는 학부모의 수요가 유아를 대상으로 하는 영어 학원, 온·오프라인 영어 학습 프로그램 같은 영어 사교육 시장의 공급을 만나 조기 영어 교육 열풍으로 이어지는 것이다. 한국의 신문과 방송에서 "월 교습비가 200만 원이 넘는 영어 유치원의 대기 학생 수요가 넘쳐 난다."라는 기사나, "방학 기간에 학부모가 자녀를 데리고 영어권 국가로 어학연수나 캠프 등에 다녀온다."라는 기사를 심심치 않게 볼 수 있다.

2016년 서울시 교육청의 초등학교 교육 과정 편성, 운영지침(218쪽)에서 영어는 국제적으로 가장 널리 통용되는 언어 수단이고, 영어를 배움으로써 서로 다른 언어적 배경을 가진 사람들과 영어로 소통하고, 그들의 문화를 알고, 우리의 문화를 세계에 소개할 수 있다고 했다.

한국 학생과 학부모는 어릴 때부터 집중적으로 영어 공부를 하며, 영어를 유창하게 구사함으로써 얻을 수 있는 여러 가지 사회적 혜택을 떠올린다. 하지만 이전 장에서 강조한 것처럼, "왜 새로운 언어를 배우는가?"에 대한 본질적인 질문의 답을 고민해 볼 필요가 있다. 조기 영어 교육을 통해 미국의 CNN 뉴스의 아나운서 같은 원어민 영어 발음을 하는 것보다 영어라는 언어를 통해 더 넓은 세상을 알아가는 것이 더 중요하다. 국제어로서 영어를 익힌다는 것은 다양한 배경을 가진 영어 화자와 원활하게 의사소통하기 위해 익숙하지 않은 발음을 듣고 이해하려고 노력하는 것, 영어 사용자들이 서로 이해되지 않을 때 활용할 수 있는 의사소통 전략을 미리 생각해 보는 것, 타 문화에 대한 열린 마음을 갖는 것이다.

영어는 영어로 배워야 한다

통상 외국어를 배울 때는 '가능한 일찍, 가능한 많이, 되도록 모어를 사용하지 않고' 목표 언어를 통해 익히는 것이 좋다고 이야기한다. 그러나 '환상 8'에서 살펴본 바와 같이 '가능한 일찍'은 지금까지 과학적으로 증명된 적이 없다. '가능한 많이'는 외국어 학습 시간을 늘린다는 면에서 효과가 있을 것이다. 부가적 언어의 학습 환경에서는 목표 언어를 접할 수 있는 시간과 빈도를 늘리면 '가능한 많이'의 요소를 충분히 충족시킬 수 있다. 그렇다면 '되도록 모어를 사용하지 않고'는 어떨까?

영어 교사가 자주 하는 충고 중에 하나가 "영일사전 말고 영영사전을 쓰세요." 혹은 "(일본어가 아니라) 영어로 생각해 보세요."이다. 영어권 나라에 이민을 가도 학교 선생님에게 "아이에게 가능한 영어만 사용할 수 있는 환경을 만들어 주지 않으면 영어가 늘지 않는다.", "집에서도 부모님이 (부모의 모어가 영어이든 아니든) 영어만 사용하는 편이 좋다."라는 말을 자주 듣게 된다. 영어 제국주의를 비판한 로버트 필립슨Robert Phillipson은 '학습 환경(외국어 학습 또는 부가적 언어 학습)과 상관없이 목표 언어만으로 가르치는 교수법이 최고'라고 생각하는 것은 '단일어monolingual의 맹신'이라고 지적했다.

최근에 일본 중·고등학교의 학습 지도 요강에 '수업은 영어로'라는 단일어 접근법monolingual approach이 제안되었다. 과연 영어로만 진행하는 교수법은 '단일어의 맹신'일까, 아니면 '효과적 접근법'일까?

수업은 영어로

2013년부터 일본의 고등학교에서는 "영어 수업은 영어로 하는 것을 기본으로 한다."라는 방침이 세워졌다. 이후 2014년에는 실효성 검증도 없이 중학교에서도 "영어 수업은 영어로 진행한다."라는 방침이 '제2차 교육진흥기본계획'에 포함되었다. 심지어 2020년부터 적용될 중학교 학습 지도 요강에는 다음과 같은 내용이 적혀 있다.

실제 영어 사용 상황을 반영한 수업을 진행하기 위해서 영어로 수업하는 것을 기본으로 한다. 그때는 학생들의 이해도에 적합한 영어를 사용해야 한다.

고등학교 학습 지도 요강에도 거의 동일한 문장이 적혀 있다. 물론 요강에는 학생들의 이해도에 맞게 영어 수업을 진행하도록 규정되어 있지만, 실제 학교 현장에서는 '영어만 쓰기English only' 규칙만을 강요하는 경향이 있다. 와카야마和歌山대학 교육학부에서 영어 교원 양성을 담당하고 있는 에리카와 하루오江利川春雄의 보고에 따르면, 알파벳도 잘 쓰지 못하는 고등학생을 지도하더라도 수업을 일본어가 아닌 영어로 진행해야 주임 교사로부터 높은 평가를 받을 수 있다.

그러나 최근 들어 영어로만 수업하는 교수법은 해외 응용언어학 및 영어 교육학에서 큰 지지를 받지 못하고 있다. 본 장에서는 영어권에서 부가적 언어로 영어를 학습하는 경우와 비영어권에서 외국어로서 영어를 학습하는 경우를 나누어 그와 관련된 학술 내용을 검토해 보고자 한다. '가능한 일찍'처럼 '되도록 목표 언어로'라는 방침에 대해서도 분명 연구자들 사이의 공통된 의견이 존재하긴 하지만, 상황에 따라 그 입장이 달라지는 경우도 있다.

이민자 자녀의 영어 사용

부가적 언어 습득의 환경에서 공부하는 아이들은 가능한 한 빨리 현지 학교의 모든 수업을 영어로 이해할 수 있어야 한다. 그래서인지 모어를 사용하지 않고 현지 언어로 교과목을 가르치는 것이 가장 효과적이라는 주장이 지지를 받곤 한다.

하지만 이는 일종의 동화주의로, 소수 언어의 민족이 다수 민족 사회에서 살아가기 위해 강요되는 개념이다. 역사적으로 소수 민족은 언어뿐 아니라 문화도 강탈당했다. 이는 일본 북부 홋카이도 지방의 아이누민족과 남부 오키나와 지방의 류큐琉球민족, 그리고 세계 각지의 원주민들이 겪어온 역사이다. 일본의 근대화를 위해 실시된 표준어 운동에서 방언 박멸 운동이 있었고, 교실에서 방언을 사용하는 것이 엄격히 금지되었다. 오키나와 등에서 사용된 '방언 표찰'은 벌칙의 일종으로, 학교에서 방언을 쓰면 표찰을 목에 걸게 했으며 그 표찰을 벗기 위해서는 방언을 사용한 다른 학생을 찾아야 했다.

지금은 이렇게까지 강제적이진 않지만, 이민자의 현지어 습득을 당연시한다. 그리고 현지어만 사용하는 '디폴트default 정책'이 적용된다. 다시 말해, 특별한 교육 정책이 실행되지 않는 한 현지어 사용을 원칙으로 한다는 것이다.

일본 내의 학교에서도 마찬가지다. 1990년대부터 이른바 뉴커머newcomer라고 불리는 외국인 노동자들이 늘기 시작했는데, 가족과 함께 온 아이들은 대개 공립학교에 입학하게 된다. 국제 교실이 있는 학교에서는 그 교실에서 '일본어'를 따로 배운다. 문제는 취학 연령이 지났음에도 학교에 다니지 않는 아동들이다. 일본 헌법에 규정된 교육의 의무는 '일본 국민'에게만 적용되기 때문에 외국 국적을 가진 아동에게는 적용되지 않는다며 외국 국적의 아동을 그대로 방치하고 있다. 이는 엄연히 인권을 무시하는 '배제의 논리'다.

미국에서는 1970년대부터 '현지어만 사용하는 교수법이 과연 교과 내용을 배우는 데 효과적인가'에 대한 논의가 시작되었다. 1974년 미국대법원은 '라우 대 니컬스Lau vs. Nichols 소송'에서 영어 구사 능력이 부족한 아동에게 영어로만 수업을 받게 하는 것은 교육의 기회균등을 중시하는 공민권법에 위배된다는 판결을 내렸다. 그후 미국의 몇몇 지역에서 이주민들을 대상으로 하는 모어 지원 교육이 실시되었는데, 이런 이중언어 교육은 '영어만 쓰기English only 운동'이라는 정치적 운동으로부터 비난 받게 되면서 끊임없이 논쟁의 화두가 되기도 했다.

장기적으로 보면 질 높은 모어 지원 교육은 영어 실력을 향상시키는 데 있어 더 도움이 된다는 것은 이미 여러 연구에 의해 증명되었다. 특히 이주자 아이들만을 따로 분리하여 영어로만 수업하는 것보다 교과 내용을 모어로 가르치는 내용 중심의 접근법이 더 도움이 된다. 모어로 하는 교육이 부가적 언어 습득에 효과적이라는 증거다.

이는 '환상 8'에서 소개한 '언어적 상호의존 가설'로도 설명이 가능하다. 모어의 능력, 특히 읽고 쓰는 능력은 영어 능력으로도 전이된다. 모어에서 부가적 언어로의 전이 현상은 문자 인식 능력뿐만 아니라 읽고 쓰기 활동에 필요한 언어적 인식과 학습 전략에도 나타난다. 특히, 아동의 경우에는 새로운 언어의 네 가지 기능(듣기, 말하기, 읽기, 쓰기)을 처음부터 학습하기보다 이미 습득한 모어의 구어 표현 능력과 문자 표기를 연결시켜 학습하는 편이 더 효과적이다.

외국어 학습 환경에서의 단일어 접근법

몇몇 연구자들은 외국어 학습 환경에서의 단일어 접근법monolingual approach에 의문을 제기해 왔다. 그레이엄 홀Graham Hall과 가이 쿡Guy Cook은 세계 각지에서 진행되고 있는 영어 교육에서 모어가 하는 역할에 대해 조사한 여러 선행 연구를 살펴보았다. 대부분의 연구는 학습자의 모어가 외국어학습을 촉진시키는 촉매제가 되거나 학습과 학습 지도상 필요한 유용한 역할을 한다는 점에 동의했다.

모어는 문법이나 어휘를 배우는 것 등의 언어 학습 자체에 큰 도움이 된다. 어휘 습득 연구의 일인자인 폴 네이션Paul Nation은 어휘 학습 전략에 관한 여러 선행 연구를 정리해서 모어를 매개로 한 어휘 학습이 가장 효과적이라는 결론을 내렸다. 최근 어니스토 마카로Ernesto Macaro의 연구팀이 어휘 학습에 관한 실증 연구를 했는데, 그 연구에서도 모어가 외국어 학습에 긍정적인 역할을 한다는 것이 밝혀졌다. 이장호와 어니스토는 한국의 어린 학습자(11~12세)와 청소년(18세) 학습자의 영어 학습을 비교했는데, 두 그룹 모두 모어를 매개로 한 학습이 더 효과적인 것으로 나타났으며, 특히 11~12세 어린이 그룹에서는 그 학습 효과가 더 높게 나왔다.

모르는 단어를 이미 알고 있는 단어로 바꾸어 말하는 것은 아주 중요한 의사소통 전략이다. 이에 대해서는 '환상 8'에서도 설명했다. 그러나 추상적 의미를 가진 영어 단어들은 모어를 통해 배우는 것이 훨씬 효과적이다.

모어의 역할은 이뿐만이 아니다. 수업 진행을 원만하게 이끌어 주고 학습자의 사회적, 심리적 욕구를 충족시켜 주기도 한다. 일반적으로 학교 수업은 학급 단위로 이루어지기 때문에 한 교실에 있는 30~40명 정도 되는 학생들을 집중시켜야 한다. 하지만 학생들마다 학습 동기와 목표, 학습 능력이 다양하기 때문에 수업을 효율적으로 진행하기 위해서는 모어를 사용하는 것이 유용하다.

모어의 사용은 '언어 인식awareness', 즉 언어와 관련된 다양한 인식을 키우는 데도 도움을 준다. 모어와 목표 언어의 공통점과 차이점, 그 언어의 사회적, 정치적 의미를 알게 됨으로써 폭넓은 의사소통능력을 함양할 수 있다.

번역도 언어 인식을 높이는 데에 도움이 된다. 종래의 영어 독해와 단문 영작을 위한 번역 활동이 아닌, 일상생활과 관련된 텍스트를 번역하는 활동은 보다 능동적인 학습, 즉 액티브 러닝active learning을 실현하게 한다. 예를 들어 지역 공동체에서 실제로 사용 할 수 있는 표지판이나 주의사항을 담은 안내서, 팸플릿 등을 번역하는 일은 해당 언어의 인식을 높이는 의미 있는 활동일 것이다.

하지만 외국어 교육 환경에서의 모어의 역할과 목표 언어의 이상적 역할 등에 대해서는 아직 밝혀지지 않은 것들이 많다. 외국어 학습에서 단일어 접근법monolingual approach과 목표 언어 접근법을 비교 연구하는 것 또한 쉽지 않다. 학교에서 단일어 접근법을 기본으로 하는 교육 프로그램을 하지 않기 때문에 사실상 실증적인 비교 연구를 진행하는 것은 어렵다. 특히 외국어 습득은 긴 시간을 요구하는데, 연구를 위해 일부러 두 실험 그룹을 만들어 장기간 실험하는 것은 윤리적으로도 문제가 될 수 있다.

트랜스랭귀징

해외 응용언어학에서는 부가적 언어 학습 및 외국어 학습 시 모어를 사용하는 것이 유용함을 인정하고 있다. 최근 다언어 사용 메커니즘과 관련된 개념, 트랜스랭귀징translanguaging 혹은 트랜스링구얼리즘translingualism이라는 새로운 개념이 소개되었다.

이전에는 이중언어 화자bilingual와 다중언어 화자multilingual가 각 언어에 대한 완벽한 지식을 바탕으로 규범에 맞게 사용한다고 보았다. 예를 들어 일본어와 영어의 이중언어 화자는 각 언어에 대한 지식이 완벽해서 일본어를 할 때는 일본어 규범에 맞게, 영어를 할 때는 영어 규범에 맞게 사용한다는 것이다. 그러나 트랜스랭귀징의 개념은 이런 언어 간의 명확한 구분을 지양한다. 대신, 이중언어 화자 또는 다중언어 화자가 자신이 가진 총체적 언어 능력을 바탕으로 상황과 장소, 필요에 맞춰 다양한 언어 형식과 의미를 자유롭게 꺼내 쓴다는 유연한 시각을 강조한다. 여기서 말하는 언어 능력이란 완벽한 지식 시스템을 운용하는 능력이 아니라 개개인이 가진 특별한 언어 지식을 활용할 수 있는 능력을 말한다.

특히 트랜스랭귀징에서는 하나 이상의 언어를 혼합하여 사용하는 코드 믹싱code-mixing과 코드 스위칭code-switching을 자연스럽고 긍정적인 현상으로 보고 권장한다. 보통 코드 믹싱은 하나의 문장 안, 즉 짧은 단위 안에 단어를 섞어서 쓰는 현상을 말하는데, "친구의 결혼 상대는 good looking"을 예로 들 수 있다. 한편, 코드 스위칭은 문장 단위 또는 더 긴 담화 안에서 다른 언어를 바꾸어 말하는 것을 말한다. 영어로 수업을 하던 영어 교사가 일본어로 다시 설명하는 경우를 생각해 볼 수 있다. 코드 스위칭은 언어를 배우기 시작한 아이들이나 부족한 자신의 어휘를 보충하려는 학습자가 자주 사용하는 전략인데, 가끔은 의도적으로 사용되는 경우도 있어 일종의 사회적 기능을 수행하고 있다고 볼 수 있다.

기존의 언어 교육에서는 언어 순수주의를 규범으로 하여 언어를 혼용하여 쓰는 것을 경시했다. 그러나 지금은 두 개 이상의 언어를 혼용하여 쓰는 것은 자연스러운 언어 행위로, 억제하지 말아야 한다는 의견이 주류를 이루고 있다. 소수 민족의 학습자들은 동화에 대한 중압감 때문에 규범적 현지어가 자신의 계승 언어나 문화보다 우월하다는 가치관을 가지게 되는 경우가 있다. 그렇기 때문에 트랜스랭 귀징은 개인이 높은 자긍심을 가지고 스스로를 풍부하게 표현할 수 있도록 권장한다.

안타깝게도 두 개 이상의 언어를 혼용하여 사용할 수 있는 경우는 교실에서의 학습 활동이나 일상 대화와 같은 비규범적인 상황일 뿐이다. 시험과 같이 규범적이고 정확한 언어 사용이 요구되는 상황에서 영어와 모어를 혼용하면 감점이 된다. 또한, 학술적 문장이나 문학적 문장에서 코드 믹싱을 사용할 수 있는 사람은 저명한 학자와 작가일 뿐이다. 따라서 교육자들은 이상과 현실을 구별하여 적절한 접근법을 사용할 필요가 있어 보인다.

단일어 접근법의 이점

모어를 이용한 학습과 학습 지도는 부가적 언어 학습에서도, 외국어 학습에서도 유용하다는 것을 확인했다. 그렇다면 영어만 사용하는 지도 방법은 유용하지 않은 걸까? 사실, 때와 장소에 따라 그 효과는 달라질 수 있다. 영어 학습 시작 시기와 영어 학습 성취도 사이의 관계처럼 모어 사용과 영어 습득 사이의 상호작용은 복잡하고 다양한 요소들과 연계되어 있기 때문이다. 예를 들어 부가적 언어 습득 환경에서와 같이 모어를 가진 학습자들이 한 교실에 모여 있다고 가

정해 보자. 이 경우, 학습자들은 자신에게 더 편한 모어에 의존하면서 스스로 목표 언어를 사용할 수 있는 기회를 놓칠 가능성이 있다. 이때 교사는 전략적으로 학습자들에게 목표 언어만 쓰도록 권유함으로써 연습 기회를 늘릴 수 있다.

외국어 습득 환경에서는 학습자들이 목표 언어에 노출될 기회가 부족하다. 그렇기 때문에 이 경우에도 학습자들에게 영어만 쓰도록 권유하는 것이 효과적일 수 있다. 하지만 이런 전략을 모든 상황에 동일하게 적용할 수는 없다. 학습자의 나이와 언어 능력, 학습 동기, 그리고 각 교실 분위기 등을 고려해서 적용해야 한다. 또한 전략적 방법을 사용할 때에는 그 의도를 학습자들에게 정확히 전달하는 것이 중요하다. 그렇지 않으면 교사의 의도와 달리 동화주의나 식민주의, 언어제국주의를 정당화하는 이데올로기를 재생산할 우려가 있기 때문이다. 결국 교사의 지도 능력이 요구된다.

또한, 모어 사용이 아무리 외국어 습득에 긍정적인 역할을 한다고 해도 이전과 동일한 방법으로 수업해서는 안 된다. 외국어 교육의 목표 중 하나는 이해하고 표현하는 것을 외국어로도 가능하게 하는 것이다. 외국어 학습에서 있어서 언어 수신 모드(듣고 읽기)와 발신 모드(말하고 쓰기) 습득을 비교해 보면, 일반적으로 많은 학습자가 수신 모드보다 발신 모드를 익히는 데 더 많은 시간과 노력을 투자할 뿐만 아니라 심리적 부담을 느낀다. 다시 말해, 동일한 단일어 접근법을 사용하더라도 학습자들은 발신 모드보다 수신 모드를 익히는 데 부담을 덜 느낀다. 따라서 수신 모드에서 학습자들에게 이해 가능한 정보를 되도록 많이 제공하는 것이 그들의 언어 습득에 효과적이다. 이때 정보의 입력input은 가능한 한 목표 언어로 이루어져야 한다.

학습자들이 이해할 수 있는 정보를 제공할 때는 '환상 7'에서 소개한 해외 주재원들의 의사소통 전략이 도움이 될 것이다. 쉬운 단어로 바꾸어 말해 주거나 반복해서 다시 말해 주기, 천천히 말해 주거나 몸짓과 주변 물건을 활용하기, 이해했는지 다시 한번 확인하기 등의 방법이 있다. 다감각 접근법은 읽고 쓰는 활동을 힘들어하는 학생들뿐만 아니라 모든 학습자의 외국어 습득에 큰 도움이 될 것이다.

발신 모드의 경우 우선 학습자들이 '발신'을 할 수 있는 기반을 만들어 주고, 몇 개의 단계를 거쳐 최종적으로 '발신'을 할 수 있도록 옆에서 꾸준히 격려하고 지도해 주어야 한다. 학습자들이 갖는 심리적 부담을 고려하여 처음부터 너무 강압적으로 몰아붙이지 않는 것이 중요하다. 그리고 앞서 소개한 트랜스랭귀징의 이념에 따라 학습자들이 상대와 목적, 상황에 맞게 모어와 영어를 혼용하여 쓰도록 하고, 자신을 표현하는 수단으로 활용할 수 있게 하는 것도 좋은 방법이 될 것이다.

해외 응용언어학에서는 모어가 언어 습득에 중요한 역할을 한다고 본다. 이는 실증적, 논리적, 이념적 지식에 근거한 것이다. 목표 언어를 매개로 교과 내용을 가르치는 이머전 학교에서도 모어의 역할이 중요시된다. 수업을 영어로 해야만 학습자들의 영어 습득을 촉진시킬 수 있다는 확증은 아직 없다.

"영어 수업에서 영어를 어느 정도 쓰면서 어떻게 진행해야 하는가?"라는 질문은 학습자의 특성과 학습 환경 등 각각의 상황에 따라 달라져야 한다. 학생들이 전혀 이해하지 못하는데 영어로만 수업을 하는 것은 의미가 없다. 물론, 영어로 할 수 있는데도 모든 수업을 일본어로 진행하는 기존의 교수법으로도 좋은 결과를 얻을 수 없다. 따라서 교사의 판단력과 지도력이 요구된다.

이 장에서는 주로 학교와 같은 정규 교육에 초점을 맞추어 논의했는데, 현실에서는 정규 교육 과정이 아닌 곳에서 외국어를 배우는 학습자도 많다. 그중에는 스스로 목표 언어만 사용하는 환경에 들어가 목표 언어로만 학습을 하고 싶어 하는 사람도 있을 것이다. 앞 장에서 언급한 일본어 달인들이 바로 그 경우인데, 목표 언어만 사용하려는 학습자들의 노력은 그들의 정체성과도 연관이 있다.

K-환상 ⑨

TEE, 영어로 진행하는 영어 수업

　　일본의 중등 교육 과정에서는 '영어로 진행하는 영어 수업'을 적극 권장하고 있다. 쿠보타 류코는 해외 여러 선행 연구를 소개하며, 외국어로서 영어를 습득하는 학습 환경에서 영어만 사용하는 것보다 학습자의 모어를 활용하는 것에 이점이 많다고 설명한다. 그 예로 모어를 통해 익힌 언어 지식과 학습법을 활용하고, 비규범적 상황에서 두 개 이상의 언어를 혼합하여 사용할 때, 또 추상적인 개념을 모어로 설명할 때 영어 학습 효과가 높다는 사례를 제시했다.

　　한국의 중등 교육 과정에서도 '영어로 진행하는 영어 수업English as a Medium of Instruction: MOI'을 적극적으로 권장한 바 있다. 구체적으로 2001년 제7차 중등교육 과정의 시행과 함께 학생들의 의사소통 능력을 키우는 방법의 일환으로 TEETeaching English in English 교육 정책이 도입·시행되었다. 또한 TEE 수업을 진행하는 영어 교사의 역량을 강화하기 위해 TEE-ACE, TEE-Master 등의 인증 제도를 도입했고, 교사의 영어 연수 지수, 자기 계발 지수, 영어 배경지식 및 영어 수업 실연 등의 요소를 평가하여 교사에게 인증서를 발급했다. 이와 더불어 영어 원어민 보조 교사를 채용하고 각 학교에 배치하는 등 다방면으로 학생의 영어 사용 기회를 늘리고자 노력했다.

　　TEE 교사 인증제는 2020년에 폐지되었지만, 새로운 교육 정책 도입 이후 현재

까지 TEE 관련하여 교사들의 영어 사용 실태, TEE 수업에 대한 인식, 학생들의 수업 만족도, 학업 성취 등의 주제로 많은 연구가 진행되었다. 그중 2015년 최태희가 발표한 「TEE 정책 도입이 한국의 중등학교 교사와 영어 수업 현장에 미치는 영향」의 연구 결과를 좀 더 살펴보자. 중·고등학교 교사들은 TEE 정책에 대한 이해가 서로 달랐고, 실제 학교 현장에서 영어를 사용하는 비율도 다른 것으로 나타났다. 정책 도입 이후 교사들에게 있어 수업 시간에 영어를 더 많이 사용해야 한다는 인식의 변화는 있었지만, 대학수학능력시험 준비, 교과 내용 전달, 교사의 영어 활용 등의 여러 제약으로 인해 원활한 TEE 수업이 불가했고, 오히려 TEE 수업이 비효율적이라고 보는 견해도 있었다. 또한, 교사 인증 제도가 특정 교사들에게 반복적으로 혜택을 주거나 인증 시험에 탈락하는 교사들의 사기를 저하한다는 문제점도 지적됐다.

TEE 수업은 한국 학생들에게 영어에 대한 노출 및 영어 사용 기회를 제공한다는 점에서 이점이 있지만, 9장에서 강조한 것처럼 학습자의 나이, 언어 능력, 학습 동기, 그리고 각 교실의 분위기 등에 따라 교사의 영어 사용 정도가 달라지지 않으면 비효율적이다. 또한, 교사가 이렇듯 다양한 요소를 수업 시간에 미리 통제하기는 어렵다. 하지만 교사와 학생의 영어 사용을 보다 원활하게 하기 위해 수업 과제별 혹은 학습 단계별로 교사와 학생들이 활용할 수 있는 영어 표현을 미리 준비하고 연습하는 것이 하나의 교수 전략이 될 수 있다.

영어 교육에 대한 10가지 환상

영어를 공부하는 이유는
실생활에서 영어를 사용하기 위해서이다

학습 지도 요령에는 초등학교부터 고등학교까지의 영어 교육 목표가 제시되어 있다. 예를 들어 중학교 영어 교육 과정에서는 학생들이 영어의 기본 구조를 이해하고 언어의 네 가지 기능을 익히는 것뿐만 아니라 '외국 문화에 대한 이해력을 높이는 것'을 목표로 하고 있다. 영어와 영어 사용자의 다양성을 고려하면 '외국(영어) 문화'라는 것이 무엇을 지칭하는지 명확하지 않지만, 어쨌거나 정규 교육 과정에서 실행되는 외국어학습이 언어 기능의 육성만을 목표로 하고 있지 않다는 것을 알 수 있다.

하지만 실제로 학교에서 실시하는 영어 교육은 언어의 네 가지 기능을 향상시키는 데에만 집중하고 있는 듯하다. 학교는 학습자의 영어 의사소통 능력 신장을 학교 영어 교육의 가장 큰 목표로 삼고 있다. 이는 2002년 문부과학성이 발표한 '영어를 사용할 수 있는 일본인의 육성'이라는 정책 제목에도 잘 드러나 있다.

영어를 공부하는 사람 중에는 학교에서 정규 수업을 들으며 공부하지 않는 사람도 많다. 연령대도 어린 학생부터 나이가 지긋하신 어르신까지 그 폭이 넓다. 토익 점수를 올리기 위해 영어 실력을 갈고 닦는 성인들도 있다. 이 모든 학습자가 영어로 의사소통을 하기 위해 영어를 공부하는 것일까? 영어 학습의 목표는 반드시 실용주의에 입각한 것이어야만 할까?

본 장에서는 일본 학교에서의 영어 교육 목표를 우선적으로 살펴보고, 정규 교육 과정 밖에서 실시되는 영어 학습에 대해서도 생각해보도록 하겠다.

학교에서 영어를 배우는 목적

현재 일본 초등학교에서는 1학년부터 4학년을 제외한 모든 학년에서 영어가 필수 과목으로 지정되어 있다. 2020년부터는 초등학교 3, 4학년 학생들도 영어를 배우게 된다. 테라사와 타쿠노리寺沢拓敬의 『왜 영어를 공부하는가? 전후사「なんで英語やるの?」の戦後史』에서는 제2차 세계대전 이후 일본의 중·고등학교에서 영어가 필수 과목으로 지정된 경위에 대해서 설명하고 있는데, '전쟁 전부터 확산된 문화교양설로 인해 비기술적 측면의 육성이 중시되게 된 것'을 하나의 원인으로

보고 있다. 즉, 영어가 모든 국민에게 필요하지 않음에도 불구하고 모두가 배워야 한다는 것을 정당화하기 위해 기술 이외의 것, 즉 교양 교육의 중요성이 강조되었다는 것이다.

이는 1962년 일본교직원조합에서 출판한 『외국어 교육의 네 가지 목적』에도 명확히 드러나 있다. 에리카와 하루오江利川春雄에 따르면 당시 교원들의 조합 가입률이 90%에 가까웠기 때문에 자연스럽게 영어 교원들의 공통된 의견이 제안서에 반영되었다고 한다. 2001년에 개정된 내용은 다음과 같다.

❶ 세계 평화, 다민족 공생, 민주주의, 인권 옹호, 환경 보호를 위해 외국어를 학습하면서 세계인과 이해, 교류, 연대를 촉진한다.

❷ 노동과 생활을 기초로 하여 외국어 학습에서 배양할 수 있는 사고와 감성을 키운다.

❸ 외국어와 일본어를 비교하여 일본어에 대한 인식을 심화한다.

❹ 위의 세 가지 사항에 입각하여 외국어 능력의 기초를 배양한다.

일본교직원조합은 '보다 폭넓고 글로벌한 윤리관의 양성 및 국제 이해와 교류의 활성화'를 외국어(영어) 학습의 우선 목표로 택했다. 또한 사고와 감성, 일본어에 대한 인식을 외국어 학습의 목표로 설정하며, 이 목표들을 토대로 외국어 사용 능력을 배양할 수 있다고 했다.

『학교의 영어 교육은 무엇을 위한 것인가?学校英語教育は何のため?』라는 책의 저자인 에리카와 하루오江利川春雄는 1965년 발표된 '현대 외국어 교육에 관한 유네스코의 권고'를 인용하여 "외국어 교육의 목적에는 '교육적 목적'과 '실용적 목적' 두 가지가 있는데 이 둘은 불가분의 관계에 있다."라고 지적했다. 그 이유로 다양한 능력과 흥미를 가진 학생들이 의무 교육 과정에서 다 같이 교육을 받고 있음을 제기하며, 다음과 같이 제언한다.

당장 사용할 수 있는 언어 실력을 갖추지 못하더라도 외국어를 배우면서 전 세계인과 화합하며 살아가기 위해 필요한 사고와 감성을 함양하고, 모어를 포함한 여러 언어와 문화의 다양성에 대한 인식과 흥미를 높이며, 필요할 때 스스로 대응할 수 있는 자율 학습자로 키우는 것이 학교의 외국어 교육 목적이다. (35쪽)

최근 들어 일본의 학교 교육 시책은 외국어 학습의 실용적인 면만 강조하는 경향이 강한데, 본래 공교육으로서의 영어 교육은 영어를 사용할 수 있게 하는 것만이 목표가 아니다.

학교 밖에서 영어를 배우는 학습자

위의 인용 글에는 "필요할 때 스스로 대응할 수 있는 자율 학습자로 키운다."라는 내용이 있다. 어떤 의미에서 보면 이 목적은 이미 달성되었다고 말할 수 있다. 학교를 졸업하고 사회인이 된 이후에도 영어를 배우는 사람들이 꽤 많기 때문이다. 그럼, 정규 교육 기관이 아닌 곳에서 영어를 배우는 사람은 얼마나 될까?

경제산업성經済産業省에서 실시한 '특정 서비스 산업 실태 조사'가 있는데, 이는 서비스업 중 총 28개 업종의 실태 조사를 바탕으로 작성한 자료다. 그중에는 '교양 및 기능 교수업敎授業'이라는 분야가 있는데, '외국어 회화 교수敎授 업무'가 여기에 포함된다. 2015년 보고서에 따르면, 외국어 회화 수강자 및 이용자 수가 약 110만 명이나 된다. '교양 및 기능 교수업'에는 문화센터 수업도 포함되는데, 문화센터에서 시행되고 있는 외국어 교실은 개별 업종으로 취급되지 않았기 때문에 정확한 수강자 수를 확인할 수는 없다. 다만, 문화센터의 외국어 수업 수강자 수도 포함시킨다면 전체 외국어 회화 수강자수는 더 많아질 것이다. 더불어 이 조사는 '외국어'라는 하나의 큰 범주로 실시됐기 때문에 영어 수업만 듣는 학습자의 수는 정확히 알 수 없지만 영어 학습자가 대부분을 차지하지 않을까 추측된다.

물론 이 통계에 포함되지 않은 학습자들도 있다. 예를 들면 친구끼리 그룹을 만들어서 소그룹으로 영어 강사와 공부를 하거나 독학으로 외국어를 공부하는 사람들이다. 이런 사람들까지 다 포함한다면 외국어 학습자는 상상도 못 할 숫자가 될 것이다. 이들은 대체 왜 영어를 공부하는 것일까?

영어 회화에 관한 연구

나는 2007년에 일본의 중소 도시에서 1년간 영어 회화를 배우는 성인을 대상으로 영어 회화에 대한 그들의 인식과 경험을 조사한 적이 있다. 인터뷰와 수업 참여 관찰을 통해 연구를 진행했다.

영어 회화 학습에 관한 연구가 많지는 않지만, 로슬린 애플비 Roslyn Appleby와 케이론 베일리Keiron Bailey, 캐런 켈스키Karen Kelsky, 키미에 타카하시Kimie Takahashi의 영어 회화와 젠더에 관한 연구가 있다. 그들의 연구에 따르면, 영어 학원은 백인 남성 강사의 이미지를 이용하여 여성 학습자들에게 그들과의 '로맨틱한 환상'을 가지게 하면서 경제적 효과를 얻고 있다고 한다. 즉, 영어 학원 산업에 의해 백인 남성인 영어 원어민이 상품화되고 있는 것이다. 특히 영어 학원 광고에는 예전부터 백인의 이미지가 자주 사용되어 왔다.

한편, 미사코 타지마Misako Tajima는 최근 들어 큰 호응을 얻고 있는 온라인 영어 회화에 주목했다. 그녀는 필리핀 여성 강사와 일본인 남성 학습자 사이의 연애 감정에 착안하여 영어 회화 온라인 교육 사이트가 일본 남성 학습자의 남자다움을 어필하는 장소로 이용되고 있음을 지적한다. 예전부터 일본에 만연한 '필리핀 여성'에 대한 이미지, 즉 필리핀 여성은 유흥업소 여성이라는 이미지가 많은 일본 남성을 온라인 영어 사이트로 끌어들이고 있다는 것이다.

이 연구 결과를 통해 학습자들이 영어를 배우는 동기가 반드시 영어 사용을 위한 실용적 이유 때문만은 아니며, 영어를 배움으로써 얻게 되는 정서적 만족감도 그 동기가 되고 있다는 걸 알 수 있다.

나는 이런 연구 결과가 일본 지방의 중소 도시에서도 나타나는지, 그리고 규모가 큰 영어 학원에 다니는 학습자들의 학습 동기와 경험이 일본 사회 속에 뿌리내린 이데올로기와 어떤 관련성이 있는지를 연구하고 싶었다. 그러나 유감스럽게도 수업 관찰과 인터뷰 허가받는 게 여의치 않아 결국 지역 커뮤니티에서 영어를 배우는 성인 남녀를 소개받아 연구를 진행하게 되었다.

인터뷰에 참여한 성인 남녀는 젊은 청년부터 고령자까지, 고등학교 졸업자부터 대학교 졸업자까지 연령과 학력이 다양했다. 직업도 회사원(사무직 종사자와 공장 노동자), 자영업자, 의료 관계자, 학교 교원 경험이 있는 사람, 구직자, 주부, 국제 교류 봉사자 등 다양했다.

영어를 공부하는 장소도 다양했다. 낮에는 주부나 정년 퇴직자 등 주로 여성들로 구성된 동호회 같은 모임이 주민센터의 강의실을 빌려 공부하거나 소수 멤버들끼리 개인 집에 강사를 초빙하여 공부했다. 밤에는 남녀 학습자들이 참가하여 기독교와 같은 종교 관련 수업을 영어로 들었는데, 이들은 주로 공공시설의 강의실을 빌려 수업을 진행했다. 일반적으로 강사는 그 지역에 거주하는 백인 원어민이었다.

인터뷰 도중 '로맨틱한 환상'에 관련된 이야기가 표면에 드러난 적은 없지만, 일부 이야기에 대해 간접적으로 들은 적은 있다. 그리고 반드시 여성 학습자에게서만 들을 수 있었던 것도 아니었다.

'로맨틱한 환상' 이외에 인터뷰 참가자들이 자주 언급했던 영어 학습 동기는 '취미'와 '여가 활동'이었다. 이를 통해 영어 학습에서 얻는 심리적 보상이 있다는 것을 확인할 수 있었다. 어떻게 보면 '로맨틱한 환상'도 여가 활동을 통해 얻을 수 있는 심리적 보상 중의 하나라고 할 수도 있겠다.

물론, 일이나 직업을 위해서 영어를 배우는 사람들도 있었다. 이들에게 영어 학습의 목적은 말할 필요도 없이 실제로 영어를 사용하기 위함이다. 하지만 이 장에서는 실용적인 목적으로 영어를 배우는 경우가 아니라, '취미' 또는 '여가 활동'을 위해 영어를 배우는 경우에 대해서 살펴보고자 한다.

즐거움을 위한 영어 학습

인터뷰 참여자 중에는 "왜 영어를 배우고 있습니까?" 또는 "어떤 계기로 영어 회화를 시작하게 되었습니까?"라는 질문에 명쾌하게 답하지 못하는 사람들이 상당수 있었다. 예를 들어, 가공식품 회사에 근무하면서 매주 1회 영어 수업에 참가하는 한 30대 남성은 그 질문에 다음과 같이 답했다.

> 왜일까요? 처음에는… 글쎄요. 일본인은 영어를 잘 못하잖
> 아요. 영어를 못하면 안 된다고 생각했는데, 일본에서 생활하면
> 꼭 영어를 할 필요는 없는데 말이죠. 왜일까? 계기라… 뭘까요?

결국, 그와의 대화를 통해서 그가 중학교 때부터 영어를 좋아했던 것, 그리고 TV 영어 강좌에서 연예인이 영어를 유창하게 하는 것을 보고 자극을 받았다는 사실을 알게 되었다.

다른 인터뷰 참가자들이 말한 동기로는 "영어를 하는 친구를 사귀고 싶었다. 옛날부터 오토바이 여행을 좋아했는데, 거기서 만난 외국인과 이야기하는 것이 좋았다.", "사람들과 교류하는 것을 진짜 좋아하는데, 조금이라도 알고 있는 영어로 세계의 여러 사람과 교류할 수 있으면 즐거울 것 같아 시작했다.", "취미가 영화 감상과 힙합이다." 등이 있었다. 많은 대답이 '좋아한다' 또는 '즐겁다' 같은 감정들

로 표현되었다는 것을 알 수 있다. 그들에게 있어 영어 학습은 단지 영어 실력을 쌓기 위한 것이 아니라 배움 그 자체이자 관련된 활동을 하면서 느끼는 즐거움이었다.

물론, 언어를 할 수 있어야 그 언어를 사용하는 사람들과의 교류도 가능해진다. "해외에 나갔을 때 현지에서 영어를 사용할 수 있을 정도, 최소한 그 정도의 언어 실력을 가지고 해외여행을 갔다 올 수 있으면 좋겠다."며 실용적인 이유를 자신의 학습 동기로 꼽는 남성도 있었다. 어떤 여성은 "전 세계를 여행하는 것이 꿈"이라며 보다 명확한 동기를 알려 주기도 했다. 그녀는 이미 20개국 이상의 나라를 여행했다고 했다. 하지만 이렇게 명확한 이유를 알려 준 참여자들은 소수에 불과했으며, 대부분의 참여자는 '그냥' 또는 '즐거우니까'와 같은 애매한 대답을 했다.

명확한 이유 없이 하는 영어 지도, 'TENOR Teaching English for No Obvious Reasons'이라는 용어가 있는데, 이는 영어 교육을 조롱하는 표현이다. 교사 입장에서 보면 영어 회화 수업은 어쩌면 TENOR일지도 모른다. 하지만 비록 실용적인 목적을 위한 수업은 아닐지라도 수업을 통해 학습자들의 생활을 보다 풍요롭게 해 줄 수는 있지 않을까?

치매 예방

내가 참관한 영어 회화 그룹에는 '코알라들'(가명)이라는 영어 동호회가 있었다. 이 동호회 회원들은 주민센터의 한 공간을 빌려 일주일에 한 번, 오전 10시부터 정오까지 원어민 강사에게 영어 수업을 받고 있었다. 대부분의 학습자가 여성이었지만, 고령의 남성 학습자도 몇 명 있었다. 수업 후에 그룹 인터뷰를 했는데, 다음은 당시의 대화이다.

> 여성 1: ○○ 씨는 왜 (영어 회화를) 시작했어요?
>
> 남성 1: 네?
>
> 여성 1: 영어 공부, 왜 시작했어요?
>
> 남성 1: 그냥 재미있을 것 같아서, 별로 깊게 생각해 본 적은 없어요.
>
> 나: 혹시 가족 중에 외국에 사시는 분 있어요?
>
> 남성 1: 그런 사람은 없어요.
>
> 나: 취미 같은 것일까요?
>
> 남성 1: ?
>
> 나: 취미 같은?
>
> 남성 1: 뭐, 그렇죠. 치매 예방. 조금이라도 예방할 수 있으면.
>
> 남성 2: 맞아요.

나이가 있는 남성들에게 영어 학습은 실용적 사용을 위한 것이라기보다 '치매 예방'과 같이 인지 능력 감퇴를 막기 위한 수단이었다.

사교 생활과 취미 생활을 위한 영어 학습

'코알라들'의 회원 중 한 40대 여성은 인터뷰에서 다음과 같이 말했다.

> 어학은 말이죠, 재미있어요. 어느 쪽인가 하면 뭔가를 공부한다기보다 그냥 모임을 즐기고 있다는 느낌이 들어요. (중략) 집에 가기 전에 같이 점심을 먹는 것이 즐거워서 계속하고 있달까요? 정말 공부가 하고 싶으면 엄청 공부를 시키는 학원 같은 곳에 가야겠죠.

이처럼 영어 회화 수업은 같은 취미를 가진 사람들이 함께 시간을 보내면서 사교 활동을 하는 공간이기도 하다. 여기서 '취미'를 위한 영어 회화라는 개념이 중요해진다.

사람들은 영어 회화뿐만 아니라 다양한 취미를 가지고 있다. 인터뷰에 참여한 사람 중에도 영어 회화 이외에 테니스나 스키, 요리 등 다른 취미를 가진 사람들이 많았다. 영어 회화도 그런 취미 중의 하나로 생각할 수 있지 않을까?

여가 활동을 위한 영어 회화

사회학에는 '여가학除暇學' 혹은 '레저 스터디leisure studies'라는 연구 분야가 있다. 로버트 스테빈스Robert A. Stebbins는 여가 활동을 '진지한 여가serious leisure'와 '일상적 여가casual leisure'로 분류한다. '진지한 여가'에는 사진이나 음악, 그림, 역사 공부 등과 같이 특별한 기술과 지식을 습득하는 활동 등이 포함된다. 따라서 비교적 많은 시간과 노동을 투자해야 한다.

한편, '일상적 여가'란 별다른 노력이나 특수한 훈련 없이 누구라도 금방 할 수 있는 여가로, 수동적 활동(영화 감상, 음악 감상, 독서 등)과 능동적 활동(게임, 관광, 걷기 등), 그리고 식사를 하면서 대화를 나누는 등의 사교적 모임이 있다.

진지한 여가 활동과 일상적 여가 활동이 항상 명확히 구별되는 것은 아니다. 그러나 둘 다 즐거움과 자기만족을 느낄 수 있는 활동일 뿐만 아니라 다른 사람들과 같이 할 경우에는 소통의 즐거움을 얻기도 한다는 공통점이 있다. 앞서 소개한 영어 회화 교실의 성인 남녀들에게도 영어 회화는 자신들의 취미를 즐기기 위한 여가 활동이라고 할 수 있겠다. 사람마다 영어 공부에 들이는 시간과 노력에 차이가 있겠지만, '영어 회화 교실'에서 배우는 영어로 전문가가 되기는 쉽지 않다. 따라서 '영어 회화 교실'은 일상적 여가 활동에 속한다고 할 수 있다.

대부분의 경우, 일상적 취미는 금방 뜨거워지고 금방 식어 버리는 경향이 있다. 어떤 이유에서든지 더 이상 그 취미에 흥미를 느끼지 못하게 되면 그만둬 버린다. 취미 활동을 시작하는 시기와 끝내는 시기에는 어떤 사회적 제재도 가해지지 않기 때문에 언제든지 자신의 의지대로 시작하고 그만두는 것이 가능하다. 인터뷰 참여자 중에는 몇 년 동안 영어 회화를 계속 공부하고 있는 사람들도 있었지만, 대부분은 오래 가지 못한다고 했다.

한 40대 여성은 고등학교 졸업 후에 계속 정사원으로 회사에서 일했는데, 영어 회화는 그녀에게 현실 도피를 위한 수단이기도 했다. 영어 회화를 계속할 생각이냐는 내 질문에 그녀는 주저하며 대답했다. "여기에 뭐 하러 오나 하는 생각이 들 때도 있어요. 오는 것은 좋은데, 실력이 늘지 않으니까." 그 후 얼마 지나지 않아 그녀는 결국 영어 회화를 그만두고 테니스에 몰두하게 되었다. 그녀에게 영어 회화는 다른 취미 활동과 별반 다르지 않은 취미 활동이었던 것이다.

취미를 위한 영어 회화 학습의 특징

일상적 여가 활동 또는 취미로 영어 회화를 배우는 학습자들에게 더 많은 노력을 강요하면 기피 현상을 보이곤 한다. 앞에서 언급한 '코알라들'의 회원인 한 여성의 말이야 말로 단적인 예다.

(이전에 가르친 원어민 강사는) 어려운 프린트물을 가지고 와서 모두 "모르겠다.", "못 따라갈 것 같다."라고 했어요. 발음도 지적 받았고요. 나이가 드니까 점점 발음을 지적 받으면 별로 기분이 좋지 않더라고요. 그것도 자꾸 몇 번이고 고쳐 주면 '아, 이제 그만'이라는 생각도 들고. 그래서 그 수업을 좀 싫어하는 사람도 있었던 것 같아요.

취미로 듣는 영어 회화 수업에서 그들이 기대하는 것은 고통이 아니라 즐거움과 기쁨이다. 많은 인터뷰 참가자는 학창 시절에 영어를 좋아했기 때문에 좀 더 잘 하고 싶어서 영어 회화 수업을 듣기 시작했다고 말했다. 하지만 학교에서 배우는 것처럼 숙제를 열심히 하거나 연습을 하는 등의 노력을 보이는 사람은 찾을 수 없었다.

내가 참관한 영어 회화 수업에서도 이런 경향이 나타났다. 수업은 그 주에 있었던 일을 서로 이야기하는 것으로 시작해서, 강사가 준비해 온 주제에 대해서 일본어와 영어를 섞어가며 이야기하는 것으로 진행되는 게 일반적이었다. 그중에는 사교 목적으로 왔다고 밖에 생각할 수 없는 학습자도 있었다. 매주 빠짐없이 수업에 나온 나이 지긋한 한 중소기업의 사장님은 이야기하는 걸 좋아해, 자신의 자질구레한 일상 이야기를 일본어로 길게 이야기할 때가 많았다. 강사는 30년 이상 그 지역에서 활동을 하고 있는 이중언어 화자의 미국 여성 목사였다. 나는 그 수업을 몇 번이나 참관했지만, 그가 영어로 말하는 것을 한 번도 본 적이 없었다.

물론 취미로 하는 영어 회화는 원래 '학습'이 아니라고 하면 그만일지도 모른다. 그러나 사교 생활과 즐거움, 동경 등으로 시작하는 학습이 오히려 우리에게 언어 학습에 대한 정의를 다시 생각해 보게 하는 계기를 마련해 주었다고 볼 수 있다.

로맨틱한 연애의 대상

인터뷰에 참여한 여성 학습자 중에는 선행 연구의 결과처럼 백인 남성과의 연애를 꿈꾸며 영어를 배우러 온다는 사람은 아무도 없었다. 그런 이야기는 아주 사적인 주제이므로 언급하는 것을 꺼렸을지도 모른다. 그중 한 여성이 "외국인과 결혼해서 혼혈아를 낳고 싶다."라고 말하기는 했다. 그녀는 앞에서 언급한 영어 회화를 그만두고 테니스로 취미를 바꾼 그 40대 여성이다. 그녀는 기혼이었지만,

부부관계가 그리 좋지 않다면서 다음과 같이 말했다.

> (크리스마스 파티에서 본) 외국인 남편하고 일본인 부인이
> 있어요. 그들을 보고 부럽다는 생각이 들었어요. (중략) 그렇게
> 보이지 않을지도 모르겠지만요. 상대만 있으면 외국인 남성하
> 고 연애하고 싶다는.

외국인 남성과의 연애를 동경하는 여성이 실제로 존재하는 것 같
기는 하다. 내 연구에 도움을 준 한 남성이 있는데, 그는 당시 영어 회
화 학원과 학습 학원을 같이 운영하고 있었다. 그는 명문 대학을 졸
업하고 제조업 회사에 엔지니어로 입사했지만, 구조 조정으로 인해
퇴사했다. 일의 성격상 잔업도 많았고, 사람을 상대하는 일을 잘하지
못하기 때문에 영어 회화 학원을 시작하게 되었다. 그는 채용했던 일
본계 여성 영어 강사와 여성 수강자들의 사이가 별로 좋지 않았다면
서 다음과 같은 이야기를 들려주었다.

> 이 업계는 좀 이상해요. 약간 호스트 클럽 같은 느낌이 들
> 어요. 영어가 전혀 늘지 않는데도 몇 년이고 계속 오는 20대 후
> 반의 학생들이 꽤 많아요. 특히 독신 여성이요. 이상한 의미로
> 말하는 건 아니지만, 아무튼 다른 이유는 생각할 수가 없네요.
> 영어를 열심히 공부하는 것도 아니고, 솔직히 전혀 늘지 않아

요. 그런데도 그만두지 않고 꾸준히 오거든요. 괜찮은 젊은 외국인 남성을 보는 것이 즐거운 거 아닐까요? 그렇게밖에 생각이 들지 않아요.

사실 이 남성도 회사를 다닐 때 직장 동료 이외의 사람과 소통하고 싶어 룸살롱을 다닌 적이 있다고 했다. 그는 그곳에서 만난 필리핀 출신의 여성과 이야기하고 싶어 영어 공부를 시작하게 되었다.

동경의 대상과의 연애 감정으로 영어를 배우기 시작한 사례가 반드시 여성에게만 있는 것은 아니다. 그리고 모든 여성이 다 그런 이유로 영어를 배우는 것도 아니다. 그뿐만 아니라, 이런 계기의 외국어 학습이 영어에만 국한되는 것도 아니다. 하지만 일상에서 벗어난 곳에서만 이런 특별한 감정을 느낄 수 있다면, 영어 회화가 바로 그런 세계를 학습자들에게 제공해 주는 듯하다.

도피

어떤 이에게 영어 공부는 도피의 수단이 되기도 한다. 그중 하나의 예를 소개하려 한다.

간호사로 일하던 30대 중반의 여성은 앞에서 소개한 영어 회화 교실(영어를 전혀 하지 않는 남성이 있는 교실)을 다니고 있었다. 그녀는 '빨강머리 앤'에게 매료되어 캐나다에 있는 프린스 에드워드섬에 네 번 정도 건너가 전부 합치면 3년 반 정도 산 적이 있다. 그녀가 일본으로 돌아온 것은 4년 전이었고, 몇 개월 전에 들어간 가스펠 합창단에서 영어 회화 교실의 강사인 미국인 여성 목사를 만나, 그녀의 권유로 수업에 참여하게 되었다고 말했다.

그녀가 캐나다에 처음 가게 된 이유는 영어 때문이 아니라 그냥 "빨강머리 앤의 섬에 살아 보고 싶어서"였다.

순수해요. 앤도 순수하고, 주위 어른들도 다 순수해요. 그런 어린 시절을 동경했다고 할까, 그런 사랑이 넘치는 가족을 원했다고 할까. 친구는 뭐 그렇다 치고, 가족애에 대한 동경, 그런 가족을 원했어요. 멋진 이야기예요.

그녀의 가족은 대가족이었는데, 학대까지는 아니었지만 가족끼리 사이가 좋지 않아 가족 폭력이 끊이지 않았다. 그녀는 결혼하고 1년 후 이혼을 하고, 그 후 캐나다로 갔다. 영어는 그곳에 살기 위한 필요 수단이었을 뿐, 절대 영어 공부를 위해 캐나다로 간 것은 아니라고 그녀는 단언했다.

그러다 그녀는 캐나다에서 예상치 못하게 복잡한 연애를 시작했고, 네 번이나 일본과 캐나다를 오가며 갈등의 시간을 보냈다. 다행히 인터뷰를 할 당시에는 무엇보다 자신을 가장 소중히 여기고, 마음도 많이 편해진 상태였다. 그녀는 그전에는 피해 의식이 강했고 영어를 하는 자신이 멋있다고 생각했는데, 이제는 자신에게 그런 가치를 부여하지 않는다고 말했다.

'빨강머리 앤'에 대한 그녀의 동경은 그녀의 가족과 이혼 경험에서 느낀 고통과는 대조적이었다. 그녀가 캐나다로 이주한 것은 현실 도피였다. 그리고 그곳에서 영어는 그 현실 도피를 가능하게 해 주는 수단이었다. 최근에 다시 시작한 영어 회화는 도피의 연장선상에서 겪었던 연애 경험과 동화 속 삶을 동경했던 기억을 유지시켜 주는 역할을 하고 있는지도 모른다.

취미로 하는 영어 회화 학습의 의미

영어 회화는 "영어를 잘 하고 싶다."라는 막연한 바람에서 시작되는 경우가 많다. 그러나 개인이 영어 회화 학습을 지속하는 원동력이 실제로 '영어를 잘 할 수 있게 되는 것'보다 영어를 배우는 과정에서 부수적으로 따르는 사교 활동, 도피 등과 같은 정서적 혜택인 경우가 종종 있다. 여기서 정서적 혜택은 즐거움, 기쁨, 자아실현, 동경 등의 감정으로 개인이 처한 상황과 원하는 것에 따라서 다양한 양상을 보인다.

물론, 영어 회화도 학습 활동 중의 하나이기 때문에 이를 지속하기 위해서는 실용적인 면에서 만족감을 느껴야 한다. 취미로 한다고 해도 영어가 전혀 늘지 않거나 '사용할 수 있게' 되지 않거나, 특히 정서적인 면에서도 아무런 혜택을 얻지 못하게 되면 그만두게 된다.

영어 회화 학습을 통해 얻게 되는 것이 사교적 관계든 현실에서 벗어나 공상의 세계를 만끽할 수 있게 해 주는 것이든 관계없이 영어 회화는 성인 남녀에게 있어 일상을 탈피하고 휴식할 수 있는 공간을 제공해 준다. 물론, 자신의 커리어를 위해 회사에서 영어 수업을 듣거나 토익 시험을 위해 영어 학원에 다니는 학습자들도 있다. 이 경우 그들의 목적은 '영어 실력을 키우는 것'이다. 그러나 취미로 하는 영어 회화를 통해서도 영어 실력 이외의 학습 혜택을 충분히 얻을 수 있다.

소비를 위한 학습

취미를 위한 학습에는 비용이 들기 마련이다. 독학으로 영어를 공부하는 사람도 있을 테지만, 대부분의 학습자가 영어 회화 서비스를 이용하면서 즐거움과 기쁨을 얻는다. 이런 학습은 일본 정부가 추구하는 '글로벌 인재'가 되기 위해 스스로 자기 계발을 하는 투자이기보다는 정서적 만족을 위한 소비 행동이라고 볼 수 있다.

학습자들의 소비 행동은 영어 회화 산업과 직접적으로 연결된다. 영어 회화 산업은 소비자의 심리를 교묘히 이용하거나 심리를 조장하면서 이득을 취하고 있다. 이 책에서 다루는 영어 교육에 대한 환상 또한 이런 영어 회화 산업을 통해 재생산되고 증식되고 있다. 이는 영어 회화 학원의 광고에서도 뚜렷이 나타난다.

물론, 모든 학습자가 백인 원어민 강사를 원하거나, 원어민처럼 되고 싶다는 생각을 하는 것은 아니다. 하지만 소비자의 마음을 사로잡으려는 영어 관련 사업자들은 다수의 '욕구'를 충족시키려 노력하며, 영어 교육에 대한 환상을 재생산하고 있다. 이러한 비정규 교육 환경은 학교의 영어 학습 환경과 결부되어 영어에 관련된 이데올로기를 확산시키고 있다.

학교의 학습과는 무관한가?

그렇다면 즐거움과 기쁨, 평온함을 소비하는 취미로서의 영어 학습은 학교의 영어 학습과는 아무런 관계가 없을까?

비정규 학습과 정규 학습의 차이 중 하나는 '중점'을 어디에 두고 있는가이다. 비정규 학습이 학습의 (유사) 행위로 인해 생기는 정서적 만족을 주요 학습 혜택으로 본다면, 정규 학습은 정부와 재계가 추구하는 '글로벌 인재' 육성을 위해 '사용할 수 있는' 영어 실력을 키우는 데 중점을 두고 있다.

앞에서는 개인이 유창한 영어 실력에 도달하지 못하더라도 영어 회화의 비정규 학습을 통해 얻을 수 있는 의미 있는 혜택을 살펴보았다. 하지만 실용적인 목적이 중점이 되는 정규 학습 역시 기계적인 학습에만 초점을 맞추지 않고 정서적인 면도 중요한 요소로 다루고 있다. 그뿐만 아니라 학습을 통해 습득된 영어를 실제로 사용할 때, 우리는 언어 행위를 단순히 기계적으로 수행하지 않고 원만한 인간관계를 형성하기 위한 수단으로도 사용한다. 이는 앞에서 제시한 해외 주재원과의 인터뷰를 통해서도 알 수 있었다.

또 다른 차이는 '학습에 대한 의지'이다. 영어 회화는 개인이 자발적으로 시작한 학습이지만, 정규 학습 환경에서 배우는 영어는 개인의 의사와 상관없이 반드시 해야 하는 경우가 대부분이다. 많은 사람이 영어 회화를 시작하게 된 계기가 학창 시절에 영어를 좋아했기 때문이라고 했다. 학교에서 어쩔 수 없이 배웠다고 해도 영어에 대한 흥미는 계속 유지되어 온 것이다. 그 이유가 영화나 음악 등 영어권 대중문화에 흥미가 있었기 때문일 수도 있고, 학교 영어 수업이 즐거웠기 때문일 수도 있다. 여가 활동을 위한 취미가 우리의 삶을 풍요롭게 해 준다는 것을 생각하면, 영어 회화 수업이나 학교 수업에서 어떻게 학습자들의 정서를 풍요롭게 해 줄 수 있을지, 그리고 어떤 학습이 그들의 인생에 의미를 줄 수 있을지를 생각하게 된다.

세계적으로 확산되는 영어 교육으로 인해서 학교 및 대학 교육 정책에 반영된 이데올로기가 더욱 보편화되었다. 인종과 민족, 언어,

문화의 차이와 언어 습득에 관한 편향된 인식이 상품화되어 영어 교육산업의 수입 창출과 이익 증대에 이용되기도 한다. 또한, 영어 교육을 통해 생산되는 인종과 민족, 언어, 문화에 대한 일그러진 견해가 도리어 언어 학습 본연의 목적인 '개인의 다양한 시각과 태도를 함양하는 것'을 방해하기도 한다.

오늘날 학교와 대학의 영어 교육은 경쟁 사회에서 이기고 살아남기 위한 실용주의 교육 중심으로 이루어지고 있다. 그러나 언어 학습은 원래 개인적, 정서적, 사회적으로도 큰 의미를 가지는 활동이다. 실용주의에서 벗어난 언어 학습이야말로 보다 풍요로운 생활 구축과 평화로운 인간 사회를 만들기 위한 교육 정책의 주춧돌이 되어야 할 것이다.

한국인이 영어 원어민에 대해 갖는
긍정적 이미지와 로맨스 스캠

영어를 배우는 사람들의 학습 목표와 방법은 다양하다. 쿠보타 류코는 이전 연구를 토대로 지역 커뮤니티에서 여러 연령대, 다양한 직업군의 일본인 영어 학습자가 영어를 배우는 사례를 소개했는데, 그들은 실생활에서 영어를 직접 사용하려는 목적뿐만 아니라 취미, 사교 생활, 연애, 현실 도피, 치매 예방 등의 다양한 이유로 영어를 배우고 있었다. 비정규 학습을 통해서 가볍게 영어를 배우더라도 어느 정도의 학습 효과가 나타날 수 있고, 개인적인 즐거움을 위해 새로운 언어를 익히는 것도 괜찮다고 본다.

어떠한 목적으로 영어를 배우든 영어 학습자들이 영어를 잘 하는 사람 혹은 영어권 국가에서 온 원어민에 대해 막연한 동경심과 호기심을 갖는 경우가 있다. 하지만 쿠보타 류코는 비판적인 시각 없이 영어 원어민을 무조건 수용하는 태도를 지양해야 한다고 했다. 이와 관련하여 최근 한국인들이 영어 원어민에 대해 갖는 긍정적인 이미지를 범죄에 이용하는 '로맨스 스캠(사회관계망서비스SNS를 통해 외국인을 가장해 친구로 지내자며 접근한 뒤 사기를 치는 것)' 사례가 있어 공유하고자 한다.

최근 뉴스에서 나이지리아 출신의 한 사기꾼이 한국인 여성들을 기만하고 거액의 금품을 갈취하는 사례가 보도되었다. 그는 흑인이었지만, SNS를 통해 한국 출신의 미국인 사진을 도용하고, 자신은 어릴 적 한국에서 입양된 미국인이며, 현재 시리아에서 근무 중인 군인이라고 거짓으로 소개했다. 그는 전역 후 다시 한국에 돌아가 진짜 가족들을 만나고 싶은데, 도와줄 수 있는지 물었다. 그는 그들의 삶을 극적으로 포장하고, 동정심을 유발하면서 공감대를 형성한 뒤 결국 상대 한국인 여성에게 거액의 돈을 요구, 갈취했다. 이 기사를 우연히 지인과 공유했는데, 지인도 얼마 전 '김카스트로Kim Castro'에게 비슷한 문자를 받았다고 했다. 그 외국인은 성별만 달랐을 뿐 한국 출신 미국 군인이고, 어렸을 때 부모님이 돌아가시는 등 지인이 들은 사연은 기사 속 로맨스 스캠의 사례와 무척 유사했다.

　　나이지리아 출신 흑인이 한국 출신 미국인으로 둔갑하고, 영어로 말을 걸며 한국인 남성과 여성에게 접근한 것은 우연히 만들어 낸 시나리오가 아니다. 유독 한국인이 표준 영어를 사용하는 미국인에게 우호적이고 관대하다는 것을 이용한 것으로 보인다. 우리는 특정 국가, 특정 언어를 사용하는 사람을 접할 때 선입견을 갖지 않도록 해야 하지만, 타인을 지나치게 경계 없이 수용하는 태도도 지양해야 한다.

응용언어학 연구 결과의
현실 반영을 위한 노력

그동안 영어로 작성한 여러 논문을 학술지에 발표하면서도 연구 성과를 현실에 적용하지 못하는 안타까움이 있었다. 만약 연구 성과가 일본이나 다른 나라의 교육 정책과 수업에 적용된다면 얼마나 좋을까 하는 아쉬움이자 학술적 식견을 일반 독자와 공유되지 못함에 대한 안타까움이기도 하다.

특히 신자유주의가 대두되고, 대학 운영에도 큰 영향을 미치기 시작하면서 나를 비롯해 많은 응용 언어학자가 자신의 연구 업적을 축적하는 동시에 자신의 고용을 안정화하는 일에 전념하게 되었다. 정년 보장과 부교수 자격을 획득한 이후에도 정교수 승진을 위한 심사가 남아 있기 때문에 스스로 연구자로서의 지명도를 높이기 위한 노력을 게을리해선 안 된다.

적어도 북미의 응용 언어학자들은 일 년에 논문을 몇 편 썼는지, 어느 학술지에 출판했는지, 자신의 논문이 다른 학자들에 의해 얼만큼 인용되고 있는지를 항상 염두에 두며 생활한다. 나를 비롯해 많은 연구자가 언어 교육 관련 논문에서 자신의 연구 결과를 어떻게 현실에 반영할 수 있을지에 대해 논하곤 하지만, 이는 사실상 명목상의 논의일 뿐, 실제로 사회 변화를 위해 교육 현장에서 목소리를 내는 연구자는 그리 많지 않다.

내가 지금까지 해 온 비판적 응용언어학 연구는 불평등한 인식과 행동, 불공평한 사회 제도를 조성하는 일반적 통념에 이의를 제기하고, 보다 평등한 인간관계를 구축하는 것을 목표로 해 왔다. 목표의 실천을 위해서는 연구와 현실 사이를 가로막고 있는 벽을 허물고 이를 대중화시킬 필요가 있다. 어떻게 벽을 허물고 실천할지 고민하던 중, 내게 이 책을 쓸 기회가 생겼다.

본서 집필을 위해 나에게 출판사를 소개해 주신 아오야마 레이지로青山玲二郎 씨와 기획과 집필에 많은 도움을 주신 치쿠마筑摩 출판사의 아마노 유코 天野裕子 씨, 그리고 최종 단계에서 귀중한 조언을 주신 에리카와 하루오 江利川春雄 선생님께도 깊은 감사를 드린다.

또한, 6장과 7장에서 소개된 일본계 주재원에 관한 연구는 브리티시컬럼비아대학교와 캐나다 인문사회과학 연구평가회로부터 조성된 연구비로 진행된 것이다. 10장에 기술된 영어 회화에 관한 연구는 국제 교육 기금에서 조성된 연구비로 이루어진 것이다. 이 연구들을 위해 귀중한 시간을 내어 주신 주재원분들과 영어 회화 학습자, 그리고 그 외 이 책을 위해 많은 도움을 주신 분들께도 가슴 깊이 감사드린다.

쿠보타 류코

언어는 사회적, 정치적 실천이다

이 책의 독자 중, 혹 1998년 소설가 복거일이 제안한 '영어공용화론'을 기억하시는 분이 계실지 모르겠다. 복거일은 자신의 저서 『국제화 시대의 민족어』에서 우리는 곧 모든 세계인과 영어로만 의사소통을 해야 할 시대를 맞게 될 거라고 예언했다. 세계는 머지않아 하나로 통합될 것이며, 그때 전 세계인이 사용할 공용어는 현재 가장 많은 사람이 쓰고 학습하는 영어가 될 것이므로 우리는 가능한 한 빨리 영어를 한국의 공용어로 지정하여 그 미래를 준비해야 한다는 것이 주요 논지였다. 그의 주장은 한국 지식인들 사이에 열띤 논쟁을 불러일으켰다. 어떤 이들은 영어가 가져올 국가적 혜택에 동조하며 복거일의 주장을 지지하기도 했고, 또 어떤 이들은 영어 공용화 정책으로 겪게 될 한국 국민들의 정체성 혼란을 문제 삼아 그의 주장에 극구 반대하기도 했다. 하지만 흥미롭게도 이들 모두 영어를 '국제어'로, 그리고 '국력 신장'과 '경제 성장'의 원동력으로 보는 관점에는 이견이 없었다.

우리가 갖고 있는 언어에 대한 믿음, 즉 언어 이데올로기는 우리의 행동과 말을 지배한다. 이는 곧 국가 언어 정책과 외국어 교육 정책의 바탕이 되며, 언어 사용자에 대한 우리의 태도를 결정하고, 우리의 일상 언어 행위를 선택하는 기준이 된다. 물론, 각 사회에 존재하는 언어 이데올로기가 단 하나는 아니다. 우리 사회가 다양한 이해관계와 가치관을 가진 구성원들로 이루어진 만큼 서로 다른 언어 이데올로기를 가진 집단도 분명 존재한다. 하지만 여러 이데올로기 가운데에도 분명 더 많은 지지자 혹은 '신봉자'를 거느린, 지배적 언어 이데올로기가 존재하는 것도 사실이다. 복거일의 주장대로 영어가 아직 한국의 공용어로 지정되지 않은 것은 한국어와 한국인의 정체성을 더 우선시하는 반대 의견이 우리 사회에 더 지배적이기 때문일 것이다.

이 책의 저자인 쿠보타 류코가 제시한 영어에 대한 10가지 환상은 한국 사회에서도 예외 없이 찾아 볼 수 있는 지배적 언어 이데올로기이다. 영어와 인종 사이의 관계를 비롯해 국가, 기업, 세계정세와 관련된 영어 교육 정책과 사업, 영어와 학습자들의 정체성 등에 관한 내용은 우리가 가진 영어(더 나아가, 언어)에 대한 관점을 재조명하게 한다. 언어는 현실과 분리된 추상적 개념이 아니다. 이는 분명 우리의 삶과 밀접히 관련된 사회적, 정치적 행위다. 언어는 현재 한국 사회에 만연한 계급 불평등과 제국주의 사상을 재생산할 수도, 변화시킬 수도 있다.

이 책을 통해 보다 많은 독자가 자신의 언어 학습 및 교육의 경험을 반추해 보고, 비판적 사고와 관점을 가지고 언어 학습과 교육에 임하는 데에 도움이 됐으면 하는 바람이다.

손정혜

참고문헌 1

青木保(1999). 『「日本文化論」の変容 — 戦後日本の文化とアイデンティ
　　ティー』、中公文庫

ベネディクト・アンダーソン(2007). 『定本・想像の共同体 — ナショナリ
　　ズムの起源と流行』、書籍工房早山

岩淵秀樹(2013). 『韓国のグローバル人材育成力 — 超競争社会の真実』、
　　講談社現代新書

江利川春雄(2008). 『日本人は英語をどう学んできたか — 英語教育の社
　　会文化史』、研究社

江利川春雄/斎藤兆史/鳥飼玖美子/大津由紀雄(2014). 『学校英語教育は
　　何のため?』、ひつじ書房

河先俊子(2012). 『韓国における日本語教育必要論の史的展開』、ひつじ
　　書房

如月隼人(2013). 「日本語学習者数、中国がトップに…人口比では韓国など突
　　出」Searchina. http://stock.searchina.ne.jp/data/disp.cgi?id=1314887

紀平健一(1988).「戦後英語教育における Jack and Betty の位置」『日本
　　英語教育史研究・第三号』

金水敏(2014).『コレモ日本語アルカ？ー異人のことばが生まれるとき』、
　　岩波書店

久保田竜子(2015).『グローバル社会と言語教育ー クリティカルな視点か
　　ら』、くろしお出版

久保田竜子(2015).『英語教育と文化・人種・ジェンダー』、くろしお出版

久保田竜子(2015).「アジアにおける日系企業駐在員の言語選択ー 英語至
　　上主義への疑問」『ことばと社会一七号』

経済産業省大臣官房調査統計グループ(2016).「平成二七年特定サービス
　　産業実態調査報告書教養・技能教授業編」http://www.meti.go.jp/stati
　　stics/tyo/tokusabizi/result−2/h27/pdf/h27report28.pdf

国際交流基金(2016).「日本語教育機関調査結果(速報値)」http://www.j
　　pf.go.jp/j/about/press/2016/dl/2016−057−2.pdf

杉本良夫/ロス・マオア(1981).『日本人は「日本的」か』、東洋経済新報社

鈴木大裕(2016).『崩壊するアメリカの公教育ー 日本への警告』、岩波書店

総務省(2017).「グローバル人材育成の推進に関する政策評価書」http://
　　www.soumu.go.jp/menu_news/s−news/107317_00009.html

津田幸男(1991).『英語支配の構造ー 日本人と異文化コミュニケーショ
　　ン』、第三書館

寺沢拓敬(2014).『「なんで英語やるの？」の戦後史ー≪国民教育≫とし
　　ての英語、その伝統の成立過程』、研究社

寺沢拓敬(2015).『「日本人と英語」の社会学ー なぜ英語教育論は誤解だ

らけなのか』、研究社

寺島隆吉(2005).『英語教育が亡びるとき ―「英語で授業」のイデオロギー』、
　　明石書店

中村敬/峯村勝/高柴浩(2014).『「英語神話の解体」― 今なぜこの教科書か』、
　　三元社

成毛眞(2011).『日本人の９割に英語はいらない ― 英語業界のカモにな
　　るな！』、祥伝社

バトラー後藤裕子(2015).『英語学習は早いほど良いのか』、岩波新書

ロバート・フィリプソン(2013).『言語帝国主義 ― 英語支配と英語教育』、
　　三元社

ベフ・ハルミ(1997).『イデオロギーとしての日本文化論』、思想の科学社

ガバン・マコーマック/乗松聡子(2012).『沖縄の<怒> ― 日米への抵抗』、
　　法律文化社

孫崎享(2012).『戦後史の正体1945−2012』、創元社

森田俊男(1987).「第四章臨教審と日本文化論」京都教育センター(編)『「日
　　本文化論」批判と臨教審』、あずみの書房

文部科学省・国立教育政策研究所(2017).『平成二九年度全国学力・学習状
　　況調査報告書』http://www.nier.go.jp/17chousakekkahoukoku/report/
　　data/17qn.pdf

矢部宏治(2017).『知ってはいけない ― 隠された日本支配の構造』、講談
　　社現代新書

山口誠(2001).『英語講座の誕生 ― メディアと教養が出会う近代日本』、
　　講談社

山田雄一郎(2005).『英語教育はなぜ間違うのか』、ちくま新書

吉野耕作(1997).『文化ナショナリズムの社会学—現代日本のアイデン ティティの行方』、名古屋大学出版会

Appleby, R. (2014). *Men and masculinities in global English language teaching*. New York, NY: Palgrave Mcmillian.

Bailey, K. (2007). Akogare, ideology, and "Charisma Man" mythology: Reflections on ethnographic research in English language schools in Japan. *Gender, Place and Culture* 14, 585~608.

Bonilla—Silva, E. (2009). Racism without racists: *Color-blind racism and the persistence of racial inequality in the United States* (3rd ed.). Lanham, MD: Rowman & Littlefield.

Booth, A., Leigh, A., & Varganova, E. (2012). Does ethnic discrimination vary across minority groups? Evidence from a field experiment. *Oxford Bulletin of Economics and Statistics* 74, 547~573.

Braine, G. (Ed.). (1999). *Non-native educators in English language teaching*. Mahwah, NJ: Lawrence Erlbaum.

Cook, V. (2005). Basing teaching on the L2 user. In E. Llurda, (Ed.), *Non-native language teachers: Perceptions, challenges and contribution to the profession* (pp. 47~61). New York: Springer.

Cummins, J. (2000). *Language, power and pedagogy: Bilingual children in the crossfire*. Clevedon: Multilingual Matters.

Cummins, J. (2007). Rethinking monolingual instructional strategies in multilingual classrooms. *Canadian Journal of Applied Linguistics* 10,

221~240.

Darder, A., & Torres, R. D. (2004). *After race: Racism after multiculturalism.* New York, NY: New York University Press.

Davies, A. (2003). *The native speaker: Myth and reality* (2nd ed.). Clevedon, UK: Multilingual Matters.

Faez, F. (2011). Reconceptualizing the native/nonnative speaker dichotomy. *Journal of Language, Identity and Education* 10, 231~249.

Grin, F. (2001). English as economic value: Facts and fallacies. *World Englishes* 20, 65~78.

Grin, F. (2003). Language planning and economics. *Current Issues in Language Planning* 4, 1~66.

Grin, F., Sfreddo, C., & Vaillancourt, F. (2010). *The economics of the multilingual workplace.* New York: Routledge.

Hall, E. T. (1976). *Beyond culture.* Garden City, NY: Anchor Books.

Hall, G., & Cook, G. (2012). Own-language use in language teaching and learning. *Language Teaching* 45, 271~308.

Heng Hartse, J. (2015). Acceptability and authority in Chinese and non-Chinese English teachers' judgments of language use in English writing by Chinese university students. Ph.D. dissertation submitted to the University of British Columbia.

Jenkins, J. (2014). *English as a lingua franca in the international university: The politics of academic English language policy.* London and New York: Routledge.

Kachru, B. (1997). World Englishes 2000: Resources for research and teaching. In L. E. Smith & M. L. Forman (Eds.) *World Englishes 2000* (pp. 209~251). Honolulu: University of Hawai'i Press.

Kachru, B. B., Kachru, Y., & Nelson, C. L. (Eds.) (2006). *The handbook of world Englishes*. Malden, MA: Blackwell.

Kachru, Y. (1999). Culture, context, and writing. In E. Hinkel (Ed.), *Culture in second language teaching and learning* (pp. 75~89). Cambridge: Cambridge University Press.

Kang, O., & Rubin, D. L. (2009). Reverse linguistic stereotyping: Measuring the effect of listener expectations on speech evaluation. *Journal of Language and Social Psychology* 28, 441~456.

Kaplan, R. B. (1966). Cultural thought patterns in Inter-cultural Education. *Language Learning* 16, 1~20.

Kelsky, K. (2001). *Women on the verge: Japanese women, Western dreams*. Durham, NC: Duke University Press.

Kumaravadivelu, B. (2016). The decolonial option in English teaching: Can the subaltern act? *TESOL Quarterly* 50, 66~85.

Kymlicka, W. (2013). Neoliberal multiculturalism? In P. A. Hall & M. Lamont (Eds.), *Social resilience in the neoliberal era* (pp. 99~126). Cambridge, UK: Cambridge University Press.

Lee, E., & Simon-Maeda, A. (2006). Racialized research identities in ESL/EFL research. *TESOL Quarterly* 40, 573~594.

Lee, J. H., & Macaro, E. (2013). Investigating age in the use of L1 or

English-only instruction: Vocabulary acquisition by Korean EFL learners. *The Modern Language Journal* 97, 887~901.

Lippi-Green, R. (2012). *English with an Accent* (2nd edition). New York: Routledge.

Matsuda, A. (Ed.) (2007), *Preparing teachers of English as an international language*. Bristol, UK: Multilingual Matters.

McConnell, D. L. (2000). *Importing diversity: Inside Japan's JET Program*. Berkeley, CA: University of California Press.

Muñoz, C. (2011). Input and long-term effects of starting age in foreign language learning. *International Review of Applied Linguistics in Language Teaching* 49, 113~133.

Murata, K. (Ed.) (2015). *Exploring ELF in Japanese academic and business contexts: Conceptualisation, research and pedagogic implications*. London: Routledge.

Nation, P. (2003). The role of the first language in foreign language learning. *Asian EFL Journal* 1, 35~39.

Okamoto, S., & Shibamoto Smith, J.S. (Eds.) (2004). *Japanese Language, gender, and ideology: Cultural models and real people*. New York, NY: Oxford University Press.

Oreopoulos, P. (2011). Why do skilled immigrants struggle in the labor market? A field experiment with thirteen thousand resumes. *American Economic Journal: Economic Policy* 3(4), 148~171.

Pennycook, A. (1988). *English and the discourses of Colonialism*. London,

UK: Routledge.

Pfenninger, S. E., & Singleton, D. (2017). *Beyond age effects in instructional L2 learning: Revisiting the age factor*. Bristol, UK: Multilingual Matters.

Seidlhofer, B. (2011). *Understanding English as a lingua franca*. Oxford: Oxford University Press.

Selvi, A. F. (2014). Myths and misconceptions about nonnative English speakers in the TESOL (NNEST) movement. *TESOL Journal* 5, 573~611.

Shi, L., & Kubota, R. (2007). Patterns of rhetorical organizations in Canadian and American language arts textbooks: An exploratory study. *English for Specific Purposes* 26(2), 180~202.

Skutnabb-Kangas, T., & Phillipson, R. (Eds.) (1995). *Linguistic human rights: Overcoming linguistic discrimination*. Berlin & New York: Mouton de Gruyter.

Sparks, R., Patton, J., Ganschow, L., & Humbach, N. (2009). Long-term crosslinguistic transfer of skills from L1 to L2. *Language Learning* 59, 203~243.

Stebbins, R. A. (1997). Casual leisure: A conceptual statement. *Leisure Studies* 16, 17~25.

Stebbins, R. A. (2007). Serious leisure: *A perspective for our time*. Transaction Publishers: New Brunswick, NJ.

Sue, D. W., Capodilupo, C. M., Torino, G. C., Bucceri, J. M., Holder, A.

M. B., Nadal, K. L., & Esquilin, M. (2007). Racial microaggressions in everyday life. *American Psychologist* 62(4), 271~286.

Tajima, M. (2018). Gendered construction of Filipina teachers in Japan's Skype English conversation industry. *Journal of Sociolinguistics* 22, 100~117.

Takahashi, K. (2013). *Language learning, gender and desire: Japanese women on the move*. Bristol, UK: Multilingual Matters.

참고문헌 2

Cho, J. H. (2017). *English language ideologies in Korea*. Gewerbestrasse: Springer Nature.

Choi, T. (2015). The impact of the 'teaching English through English' policy on teachers and teaching in South Korea. *Current Issues in Language Planning* 16(3), 201~220.

Dastane, O., & Lee, W. Y. W. (2016). Korean expatriates adjustments and job satisfaction in Malaysia: Analysis of corporate cultural asymmetry. *International Journal of Industrial Distribution and Business* 7(4), 33~45.

English Program in Korea. (2020). *Eligibility*. Retrieved September 26, 2 020 from. https://www.epik.go.kr:8080/contents.do?contentsNo=48 &menuNo=275

Jee, Y. (2016). Critical perspectives of world Englishes on EFL teachers' identity and employment in Korea: an autoethnography. *Multicultural*

Education Review 8(4), 240~252.

Lee, C. H. (2016). *Language ideological approaches to English education in Korea: A sociolinguistic perspective* (Doctoral dissertation). University of Arizona. Retrieved from ProQuest Dissertations & Theses Global. (1787842771).

Matsuda, A.,& Matsuda, P. (2018). Teaching English as an international language: AWE-informed paradigm for English language teaching. In E. L. Low & A. Pakir(Eds.), *World Englishes: Re-thinking Paradigms* (pp. 66~74). New York and London: Routledge.

Oh, S., & Jang, K. (2020). Self-initiated expatriate adjustment: South korean workers in vietnam. *Career Development International* 26(1), 16~43. https://doi.org/10.1108/CDI-09-2019-0212

Park, J. S-Y. (2011). The promise of English: linguistic capital and the neoliberal worker in the South Korean job market. *International Journal of Bilingual Education and Bilingualism* 14(4), 443~455.

Ra. J. (2019). Exploring the spread of English language learning in South Korea and reflections of the diversifying sociolinguistic context for future English language teaching practices. *Asian Englishes* 21(3), 305~319.

Shim, Y.-S. (2015). Korean EFL teachers' perceptions of world Englishes. *Korean Journal of Applied Linguistics* 31(1), 149~172.

교육부(2019), <2019년 국외 고등교육기관 한국인 유학생 통계>, https://www.moe.go.kr/boardCnts/view.do?boardID=350&boardSeq=79

010&lev=0&searchType=null&statusYN=W&page=1&s=moe&m
=0309&opType=N에서 2021년 7월 1일에 검색했음.

대한무역투자진흥공사(2018), <대한무역투자진흥공사 해외진출 한국
기업 디렉토리 DB>, https://www.data.go.kr/data/15003297/fileDat
a.do에서 2021년 7월 1일에 검색했음.

서울시 교육청(2016), <서울특별시 초등학교 교육과정 편성 운영 지침>,
http://www.sen.go.kr/web/services/bbs/bbsView.action?bbsBean.bbs
Cd=43&bbsBean.bbsSeq=264에서 2021년 7월 1일에 검색했음.

충청북도교육청(2020), <TEE 인증제>, https://global.cbe.go.kr/site/glo
bal/sub.php?menukey=4108에서 2021년 7월 1일에 검색했음.

통계청(2019), <2018 초중고 사교육비조사 결과>, https://www.kostat.g
o.kr/portal/korea/kor_nw/1/7/1/index.board?bmode=read&bSeq=&aS
eq=373552&pageNo=1&rowNum=10&navCount=10&currPg=&sea
rchInfo=&sTarget=title&sTxt=에서 2021년 7월 1일에 검색했음.